ブリッジブック

刑法の考え方

〔第3版〕

Bridgebook

高橋則夫 編

信山社
Shinzansha

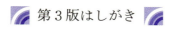

第 3 版はしがき

　本書第 2 版の刊行後 4 年あまりが経過し，その間，多くの読者に恵まれ，ここに第 3 版をみなさまにお届けできることとなった。第 3 版では，いわゆる「自動車運転死傷行為等処罰法」，さらに，性犯罪およびそれと関連する犯罪の改正などを反映させるとともに，記述もさらに分かりやすくするよう修正した。

　刑法の入門書は数多あるが，その中で，本書は，刑法の「考え方」に焦点を当てたユニークなものであると自負している次第である。

　共著者のみなさまには，ご多忙の中，加筆・修正等を行っていただき，感謝申し上げたい。また，信山社出版の柴田尚到氏には，いつもながら大変お世話になり，この場を借りて，感謝の意を表したい。

　2018 年 10 月

高 橋 則 夫

はしがき

　巷では，刑法の入門書としてさまざまな著作があるが，本書は，刑法に関する知識や情報はできる限り少なくして，刑法の「考え方」に焦点を当てた入門書であるという点に特徴がある。したがって，刑法の教科書には書かれていない基本的な事柄を書くという点について共著者一同は共謀を形成したのであるが，この共謀をいざ実行段階に移すとなると，これがまた至難の業なのである。所詮，刑法学は難しいのであり，それを極端に易しく解説することは，おそらく不能犯なのかもしれない。読者のみなさんには，少なくとも共著者のこうした共謀の存在についてはご理解いただきたいと思う。

　というわけで，本書は，刑法をはじめて学習する人を対象にしている。たとえば，法学部の１年生，あるいは，法科大学院未修者の１年生がこれにあたる。さらに，他学部の学生にとって法学入門としても使用可能であろう。特に，裁判員制度の開始によって，一般の人々が刑法って一体何なのだということを知る場合にも有用となろう。これらの人々にとっては，刑法に関する膨大な知識よりも刑法の基本的な考え方を理解することが大事であると思われるからである。

　もっとも，刑法の「考え方」とは何かという問題は，刑法学の入口でもあり出口でもある困難な問題であり，本書は，共著者それぞれが，刑法の「考え方」を探求した１つの「考え方」を示したものにすぎない。読者のみなさんが，さらに勉強していく過程で，それ

はしがき

それの「考え方」を継続して考えていただければ幸いである。

　本書が刊行にいたるまで，共著者の先生方には，ご多忙な中で執筆していただき，この場を借りて，感謝の意を表したいと思う。また，信山社出版の柴田尚到さんには，企画段階から出版にいたるまで，途中何度も因果関係の中断（あるいは断絶）があったにもかかわらず，辛抱強くご支援いただき，感謝申し上げる次第である。

　2009 年 1 月

　　　　　　　　　　　　　　　　　　　　高 橋 則 夫

ブリッジブック刑法の考え方　第3版　　Bridgebook

目　次

第3版はしがき

は し が き

第1部　刑法の基本理念

第1講義　ルール・ネットワークの中の刑法 ·················· *2*
　　　　　　——さまざまなルールと刑法との関係

　1　刑法の守備範囲はどこだろう（*2*）

　　　　——道徳と刑法

　2　人々の声と刑法というルール（*5*）

　　　　——世論と刑法

　3　刑法が生み出す世界とその限界（*9*）

第2講義　刑罰を科すことの根拠を考える ····················· *14*
　　　　　　——犯罪・刑罰と学派の争い

　1　何が刑罰を科すことを根拠づけるのか（*14*）

　　　　——刑罰の正当化根拠

　2　尽きることのない「刑罰観」論争（*19*）

　　　　——学派の争いって一体

第3講義　日本の刑法はどこからきたのか ···················· *24*
　　　　　　——刑法典の由来

　1　日本の刑法はヨーロッパの刑法を模範とした（*24*）

目 次

——刑法典の沿革とその特質

2 現行刑法には当時の新思潮が盛り込まれた (*28*)

——刑法典の改正とその背景にあるもの

3 刑法典，そして刑法 (*31*)

——刑法典，周りを固める特別刑法

第4講義 刑法だけでは処罰できない …………………… *36*

——刑事実体法と刑事手続法

1 刑法は刑事手続を通して実現される (*36*)

——刑法と刑事訴訟法との関係

2 有罪でも刑務所に入らないことがある (*41*)

——刑法と刑事政策との関係

3 国家による責任追及と私人による責任追及 (*44*)

——刑法と民法との関係

第5講義 刑法の中の民主主義・自由主義 ………………… *50*

——罪刑法定主義の意義

1 刑法は自由の敵？ 自由の味方？ (*50*)

2 慣習は「罪」と「罰」の根拠にならない (*52*)

3 「罪」と「罰」の不意打ちは許されない (*54*)

4 罪刑法定主義は進化する (*58*)

5 罪刑法定主義は，今 (*61*)

第2部 刑法総論の考え方

第6講義 「刑罰」確定までには多くのハードルがある ……*64*

——刑法総論の意味

1 犯罪の"カタログ"には尽きない刑法学 *(64)*

2 十人十色の犯罪論体系 *(66)*

　　——一様ではない犯罪

3 何のための犯罪論か *(71)*

　　——自由の保障と犯罪論

第7講義　まずは「型」よりはじめよ …………………… *77*

　　——構成要件該当性

1 犯罪成立の第1審査 *(77)*

　　——構成要件該当性

2 構成要件該当性の大きな柱 *(80)*

　　——結果と行為・行為者を結ぶ線としての因果関係

3 構成要件に該当する行為の1つの形 *(86)*

　　——不作為犯

第8講義　"わざと"と"うっかり"…………………… *92*

　　——故意・過失

1 "わざと" *(92)*

　　——故意

2 "うっかり" *(94)*

　　——過失

3 犯罪のポマト *(96)*

4 そんなはずでは…… *(98)*

第9講義　人を殺しても,「正しい」場合がある ………… *101*

　　——違法性阻却事由

目 次

1 刑法的に「悪い」こと (*101*)

2 正しい加害者と悪い被害者？ (*105*)

3 正しい加害者と正しい被害者？ (*109*)

4 「正しい」行為の総合カタログ (*112*)

第10講義　ある特定の人を本当に非難できるか ………… 115
　　　　　　──有責性

1 悪いことをした人を非難するには？ (*115*)

2 「法律を知らなかった」という言い訳は通用するか (*116*)
　　　──違法性の錯誤

3 刑法は子どもを非難しない (*119*)
　　　──責任能力

第11講義　未完成犯罪 ……………………………………… 124
　　　　　　──未遂

1 犯罪行為はどのようなプロセスをたどるか (*124*)
　　　──未遂犯

2 呪い殺すつもりで丑の刻参りをすれば殺人未遂になる？ (*131*)
　　　──不能犯

3 犯罪から後戻りする黄金の橋 (*136*)
　　　──中止犯

第12講義　犯罪にかかわった複数の人をどう扱うか ……… 140
　　　　　　──共犯

1 共同して犯罪事実を実現する (*140*)
　　　──共同正犯

vii

目 次

2 正犯の実行に関わる者たち （*144*）

    ——教唆犯と幇助犯

3 間接正犯 （*151*）

4 わいろを渡す人・受け取る人 （*155*）

    ——共犯にかかわる諸問題

第13講義　刑罰の種類は限定されている ····················· *159*

    ——刑罰の種類

1 犯罪同様に刑罰も限定されている （*159*）

2 さまざまな刑罰の実相 （*162*）

第14講義　犯罪の「算数」の仕方 ····························· *166*

    ——罪数と量刑

1 1つの罪 （*166*）

2 複数の罪 （*169*）

    ——1.5倍にアップ

3 刑法に定められている刑と裁判官による実際の量刑 （*171*）

第15講義　刑法の効果が及ぶ5W1H ······················· *175*

    ——刑法の適用範囲

1 いつでも，どこでも，誰にでも……とはいかない （*175*）

    ——刑法の適用範囲

2 刑法の効果が及ぶ"when" （*175*）

3 刑法の効果が及ぶ"where" （*178*）

4 刑法の効果が及ぶ"who" （*181*）

目 次

第3部 犯罪のカタログ

第16講義 今日本で犯罪とされていること ·················· *184*

　　　　——刑法各論の意味

1 今日本で何が犯罪とされているのか（*184*）

2 犯罪カタログに実際にリストアップされているものは？（*187*）

第17講義 何を犯罪とすべきなのだろう ····················· *195*

　　　　——犯罪カタログの相対性

1 社会により「犯罪」は異なる（*195*）

2 時代によっても「犯罪」は異なる（*198*）

3 では日本はどう対処してきたのだろう（*201*）

　　　　——日本の犯罪カタログの特質

第18講義 揺れる倫理と刑法 ································ *207*

　　　　——現代の犯罪と刑罰（その1）

1 生命倫理と刑法（*207*）

2 職業倫理と刑法（*212*）

3 公務員と犯罪（*216*）

第19講義 経済活動の落とし穴 ······························ *220*

　　　　——現代の犯罪と刑罰（その2）

1 企業の犯罪と企業の処罰（*220*）

2 入札談合は，なぜ悪い？（*224*）

3 マネーゲームの後始末（*227*）

4 経済犯罪と戦うために（*232*）

目 次

第4部 刑法の解釈

第 20 講義 刑法の解釈って何だろう？ ·························· *234*
　　　　　　——本書のまとめと次へのステップ

1 刑法解釈は何のために行うのか（*234*）

2 「価値」との格闘が避けられない刑法解釈（*236*）

3 誰のために解釈するのか（*238*）

4 みんなが納得する解釈はあるのか（*239*）

5 刑法は人間をどう見ているのだろうか（*241*）

6 刑法の「考え方」から一歩先へ（*243*）

次のステップのための文献

事 項 索 引

x

〈執筆者紹介〉

五十音順

川崎友巳（かわさき・ともみ）
　　　　　　　　………………………第5講義，第9講義，第15講義，第19講義
　1993年　同志社大学法学部卒業
　現　在　同志社大学法学部教授
　〈主要著作〉
　『企業の刑事責任』（成文堂，2004年）
　『犯罪タイポロジー』（成文堂，第2版，2014年）
　『判例教材刑法Ⅰ総論』（共著，成文堂，2013年）

*高橋則夫（たかはし・のりお）…第1講義，第2講義，第20講義
　1975年　早稲田大学法学部卒業
　現　在　早稲田大学名誉教授
　〈主要著作〉
　『共犯体系と共犯理論』（成文堂，1988年）
　『修復的司法の探求』（成文堂，2003年）
　『対話による犯罪解決』（成文堂，2007年）
　『規範論と理論刑法学』（成文堂，2021年）
　『刑法総論』（成文堂，第5版，2022年）
　『刑法各論』（成文堂，第4版，2022年）

中空壽雅（なかぞら・としまさ）
　　　　　　　　………………………第3講義，第7講義，第13講義，第16講義
　1976年　早稲田大学法学部卒業
　現　在　明治大学法学部教授
　〈主要著作〉

「過失犯の原因において自由な行為に関する一考察」下村康正古稀祝賀
　『刑事法学の新動向』上巻（成文堂，1995 年）
「実行着手後の心神喪失・心神耗弱といわゆる『同時存在の原則』」『西
　原春夫先生古稀祝賀論文集　第 2 巻』（成文堂，1998 年）
「『原因において自由な行為の法理』の有用性について——ドイツ連邦
　通常裁判所判決を素材として」宮澤浩一先生古稀祝賀論文集『刑法
　理論の現代的展開　第 2 巻』（成文堂，2000 年）
「『責任能力と行為の同時存在の原則』の意義について」刑法雑誌 45 巻
　3 号（2006 年）

橋 本 正 博（はしもと・まさひろ）
　　　　　　　　……………………第 4 講義，第 11 講義，第 12 講義，第 18 講義
　1982 年　一橋大学法学部卒業
　現　在　専修大学大学院法務研究科教授
　〈主要著作〉
　『「行為支配論」と正犯理論』（有斐閣，2000 年）
　『日本法への招待』（編著，有斐閣，第 3 版，2014 年）
　『刑法基本講義　総論・各論』（共著，有斐閣，第 3 版補訂版，2023 年）
　『刑法総論』（新世社，2015 年）
　『刑法各論』（新世社，2017 年）

安 田 拓 人（やすだ・たくと）
　　　　　　　………第 6 講義，第 8 講義，第 10 講義，第 14 講義，第 17 講義
　1993 年　京都大学法学部卒業
　現　在　京都大学大学院法学研究科教授
　〈主要著作〉
　『刑事責任能力の本質とその判断』（弘文堂，2006 年）
　『アクチュアル刑法総論』（共著，弘文堂，2005 年）
　『アクチュアル刑法各論』（共著，弘文堂，2007 年）
　『ひとりで学ぶ刑法』（共著，有斐閣，2015 年）

執筆者紹介

『判例プラクティス刑法Ⅰ総論』（共編著，信山社，第 2 版，2020 年）
『判例プラクティス刑法Ⅱ各論』（共編著，信山社，2012 年）

＊は編者

第1部　刑法の基本理念

Bridgebook

第1講義
ルール・ネットワークの中の刑法

さまざまなルールと刑法との関係

1 刑法の守備範囲はどこだろう
——道徳と刑法

◇**想像してごらん「ルールのない社会」を**

　私たちが住んでいるこの日本，さらには，世界を見渡せば，いろいろな国があり，そこではさまざまな人々が生活している。たった一人で生きているわけではない。そこには，自己の他に他者がいる。まさに，「君たちがいて僕がいる」わけである。このような中で，各自が自己の欲望の赴くまま勝手に行動したら，全員が互いに奪い合い，殺戮し合うという，凄まじい弱肉強食の世界になることは言うまでもない。このような事態を避けるため，つまり，お互い生き続けることを可能とするために，人間は，ルールという素晴らしい策を考案したのである。

　野球やサッカーなどのスポーツにルールがあるように，一定のルールがあってこそ，それを基盤とするシステムは成り立つのである。打ったら三塁に走る人もいれば，一塁に走る人もいたとしたら，そんな野球は面白いだろうか。ルールがあるからこそ，そのシステムを享受できるのであり，みんなが幸せになれるのである。

1　刑法の守備範囲はどこだろう

　社会システム もこれとまったく同じである。ルールは束縛であり，「そんなものいらない」と思っている若者に一言，「ルールのない社会だったら，もっと生きにくい社会だよね」。

　もっとも，ルールにもいろいろなレベルのものがあることは言うまでもない。これを順番に見ていくことにしたい。

◇禁煙席でタバコを吸ったらどうなるの

　文科省の「心の教育」に盛り込まれている「公共のマナー」も1つのルールである。先生に会ったら，お辞儀をする，おはようございますと挨拶するとかの礼儀というルールである。しかし，これをしなかったからといって，誰にも迷惑をかけてはいない。もっとも，カチンとくる先生もいるかもしれない。態度が悪いということで，評価が下がることもあろう。しかし，このような評価は好ましいことではないし，かりにそうでも「そんなの関係ねー」と気にしないほうがいいだろう。とにかく，このような礼儀に違反しても具体的な効果を一律に決めることはできないのである。このようなルールは，**モラル**・道徳の世界に属するものであり，人間関係で処理すべき事柄なのである。たとえば，家庭や学校や地域社会その他によって対処していくことが妥当な事柄である。禁煙席でタバコを吸うことも，確かに，周りの者に迷惑をかけることになるかもしれないが，やはり道徳の事柄であり，その違反に対しては，人間関係によって対処することが妥当なのであり，人間関係によって処理できる社会か否かが，その国の文化的成熟度の尺度になるのである。これらのルールは，レベル1段階のルールである。

第1講義　ルール・ネットワークの中の刑法

◇人に金を借りたのに返さなかったらどうなるの

　それでは，ルールのレベル2に進もう。たとえば，人に金を借り
たのに返さないという場合はどうだろうか。「金を借りたら返せ」
というルールは，道徳でもあるだろう。しかし，道徳の世界で対処
するだけでは，貸した人の財産という利益を守ることはできない。
この財産を保護するためには，何らかの強制力が必要となる。ここ
では，道徳の世界から法の世界に移行する必要がある。すなわち，
民法という法によって対処しなければならないのである。貸主は，
債務の強制履行を請求したり（民法414条），あるいは債務不履行
による損害賠償を請求することができる（民法415条）ことになる。
このように，私たちの日常生活における財産や家族関係の問題につ
いては，民法がそれらのルールを決めているわけである。

◇人の物を盗ったらどうなるの

　それでは，ルールのレベル3に進もう。たとえば，ある者が他人
のお金を盗んだ場合はどうだろうか。レベル2のルールによって，
たとえば，民法によって，所有権に基づく返還請求権とか，不法行
為に基づく損害賠償請求（民法709条）だけで済ませることが妥当
であろうか。「金を借りたら返せ」というルールよりもレベルが高
いと感じるだろう。そして，このルール違反に対しては，より強い
非難をすべきだとか，行為者は危険なので隔離するべきだとか思う
人もいることだろう。すなわち，「人の物を盗ってはいけない」と
いうルールに対しては，より強い効果が必要なのであり，この場面
では，刑罰というものが登場せざるを得ないわけであり，まさに窃
盗罪（235条）の規定が適用されるのである。

4

◇なぜ人を殺してはいけないのか

「人を殺してはいけない」というルールも，このレベル3のルールであり，その違反に対しては，殺人罪（199条）の規定が適用される。しかし，このルールは，殺人罪の規定によって創設されたものではない。法学部に入って刑法の条文を見てはじめて「人を殺してはいけなかったのか〜」と驚いた人などいないのである。すなわち，子どもの頃から「他人に迷惑をかけてはいけない」というマナーの延長線上で学習してきた事柄である。このマナーは，共同体において法以前に存在するルール，行為規範であり，このルールは，われわれが生き続けていくために必要なルールなのである。以前，テレビである若者が「なぜ人を殺していけないのか」という問いを発し，その後，哲学者らがそれに真剣に答えるという現象があったが，その質問を発する人は，自分も殺されることになるわけであるから，もはや生き続けることを拒否しているだけのことである。ルールは，われわれ人間が生き続けていくことができるために存在していることを忘れてはならないだろう。

2　人々の声と刑法というルール
　　　——世論と刑法

◇人々の声は刑法に届くのか

刑法というルールは，本当は実に難しい理論によって解釈・適用されるのであるが，毎日のニュースはさまざまな事件を報道し，被害者の悲しみを報道し，世間は犯罪に関心をいだき，また，死刑は是か非か，安楽死は許されるか否かなど，一般人も一家言をもっている。ましてや，裁判員制度によって，ますます犯罪というものが

身近に感じられてくることになった。このような傾向は，一方で，市民の意識が向上するという意味でポジティブな面もあるが，他方で，刑法が市民の感情や世間の風潮によって左右されるというネガティブな面も有していることに注意しなければならない。

◇被害者（遺族）の声を聞こうか

通り魔の被害者（遺族）は「こんな理不尽なことはない」と絶望のどん底に陥れられ，加害者を憎み，死刑を望むことだろう。愛する者を失ったわけであるから，加害者に対する復讐感情が生じるのは当然である。しかし，他方，被害者の復讐感情を実現するのが刑法および刑事司法の任務ではないことも，当然のことである。この2つの当然の事柄の衝突をどのように考えたらいいのであろうか。

まず，刑法は，刑罰というサンクションを具備し，間接的に生命や身体などの法益（法によって保護される利益）を保護する役割を有する。法益は，たとえば，殺人罪であれば，およそ生命一般であり，AさんやBさんという具体的な被害者の生命のことではない。具体的な被害者の生命は，「人」の生命に抽象化されるのである。要するに，刑法は，殺人罪の規定において，すべての人の生命を保護しているのであり，個々の具体的な人を保護しているわけではない。したがって，具体的な被害者（遺族）の声によって，法益それ自体が変化することはない。もっとも，たとえば，量刑などの点で被害者（遺族）の声が考慮されることもあり，被害者参加制度によって量刑への影響は大きくなるだろう。

また，復讐と応報とは異なることにも注意しなければならない。復讐は個人レベルの問題であり，応報は国家レベルの問題である。刑罰権は国家が独占しており，応報は国家的応報なのである。両者

は異なるレベルである以上，被害者（遺族）の復讐感情が充足され
ない場合があることは，至極当然である。

◇一般大衆の声を聞こうか

　一般大衆は，加害者と被害者のどちらに思い入れをするだろうか。
加害者になる確率より被害者になる確率のほうが高いこと，マスコ
ミが報道する被害者の悲しみに共感することなどから，一般大衆は
被害者のほうに思い入れをするだろう。加害者が犯罪の遂行にいた
った事情に心を痛めるという意味で（自分もやるかもしれないという
意味ではない）共感する人々は，少数派だろう。このあたりの問題
は，犯罪社会学者や犯罪心理学者にお任せであるが，いずれにせよ，
一般大衆の声が刑法の世界に入り込む余地はないのである。一般大
衆の声がリンチ的となった時代もあったし，いかに無責任だったか
は歴史が実証している。一般大衆の声によって，刑法の理論体系と
いう壁を崩壊させてはならないのである。

　にもかかわらず，裁判員制度が導入され，一般大衆が裁判に関与
することとなるのは，どういうことなのだろうか。司法の民主化と
いうのが中心的な理由であろう。しかし，司法の民主化には両義性
が存することに注意しなければならない。すなわち，１つは，ポ
ピュリズム（大衆主義）の危険性，ペナル・ポピュリズム（刑罰大衆
主義）というネガティブな側面と，もう１つは，「公民的徳性の陶
冶」というポジティブな側面である。後者の側面が今後進展してい
くならば，裁判員制度には重要な意味が認められるといえよう。す
なわち，裁判に参加することにより市民が変容し，公民的徳性が付
与され，他者を受容するという精神構造になるとすれば，刑法・刑
事訴訟法に対する理解が深まることとなろう。

第1講義　ルール・ネットワークの中の刑法

◇マスコミの声を聞こうか

被害者（遺族）の声，一般大衆の声は，ほとんどがマスコミを通してこちらに届いてくる。したがって，マスコミの役割は重要である。マスコミの取り上げる物語が，被害者（遺族）なのか，一般大衆なのか，あるいは加害者なのか，そして，どういう論調で取り上げるのかなどによって，世間の風潮は左右されるのである。マスコミは，自分たちの報道の影響力に責任を持つべきであり，価値観の対立がある場合には，それらを平等に報道し，価値の選択は市民にゆだねるという，いわば「知的廉直性」を備えるべきである。そうでなければ，結局，前述した，ポピュリズムに拍車をかけることになってしまうからである。マスコミは，被害者の物語（ナラティブ）のみならず，加害者の物語をも取り上げるべきであると共に，逆に，犯罪についての詳細を報道すべきでない場合もあることに留意すべきだろう。犯罪を興味本位に取り上げていないかを，つねに慎重に検討すべきであろう。さらに，マスコミには，刑法や刑事訴訟法の基本的知識を市民に伝達するという役割があることも自覚すべきである。裁判員制度の導入によって，マスコミの低レベルの議論を馬鹿馬鹿しいと一笑に付す市民が増えていくことを期待したい。

◇加害者自身の声は届くのか

前述のように，刑法は，（間接的に）法益を保護する役割を有すると同時に，市民の自由を保障するという役割を有する。そして，後者こそ刑法の本質的部分なのである。すなわち，刑法の重要な役割は，市民が国家権力によって不当に加害者とされないという国家に対する防波堤になるということにある。この意味で，刑法は，潜在的加害者（一般人）のためにあるといえるだろう。これこれを行

うと犯罪とされ刑罰が科されるということは，これこれを行わなければ犯罪とされないし，刑罰も科されないのであり，禁止・命令されていること以外は自由であるということを規定したのが刑法なのである。加害者が犯罪を遂行し，刑事手続では適正手続によって被疑者・被告人の権利が保障され，有罪判決が下されて刑罰が科される場合，たとえば，懲役刑の場合，刑事施設の中で刑務官は受刑者を社会復帰させるために懸命に努力している。これらは，国家対加害者という刑法の基本的構図における憲法上の要請である。

このような加害者の権利保護に対して，近時は，前述の被害者（遺族），一般大衆，マスコミなどが，「それはおかしい」と異論を唱えているのである。刑法や刑事訴訟法の基本的構図は，国家対加害者であるから，それ以外はいわば外野にすぎないと言い放つことも可能かもしれない。しかし，これらの現代的な要請を無視するだけでは，かえって問題が生じてくるように思われる。したがって，これらに対して，今後，刑法・刑事訴訟法はどこまで譲歩できるのか，いかなるシステムを導入できるのか，刑法理論はどのように変化していくのか（あるいは変化しないのか）などを慎重に検討していくことが必要となろう。

3 刑法が生み出す世界とその限界

◇イッツ・ア・刑法ワールド

刑法は，犯罪と刑罰に関する法であり，国家対加害者の関係を規律する公法に属するものである。これに対して，加害者対被害者の関係を規律するのは，私法に属する民法等である。この原理はこれ

からも維持されなければならない。刑罰を賦課するのは，市民でも被害者（遺族）でもマスコミでもなく，国家であることをあらためて確認する必要がある。なぜなら，前述のように，この原理が揺らいでいる傾向にあるからである。もっとも，国家が加害者の処罰を断念する方向で加害者対被害者の関係を考慮することが許されるか否かは検討されてよい問題である。そこに，刑法の意義と限界の問題がある。

このように，国家が加害者を処罰することはたいへんな事柄であり，「疑わしきは被告人の利益に」の原則は，まさにこのことを示している。刑法の世界とは何かという問題を慎重に検討しなければならない。

◈刑法で何が守れるのか

刑法の任務は何か。社会倫理秩序維持という面を強調する考え方もあるが，一般には，前述のように，法益保護に求められている。たとえば，殺人罪では，「人の生命」という法益が保護されるわけである。しかし，殺人の加害者に死刑が宣告され，執行されたとしても，殺害された被害者が生き返るわけではない。民法の世界であれば，損害賠償として金銭的な回復が行われる。それでは，何のために刑罰を科すのか。この点については，第2講義で述べることにしたい。

刑法における法益保護の意味は，これから被害者になり得る潜在的被害者（一般人）の法益を事前に保護するということである。これは，事前に刑罰を予告することによって潜在的加害者（一般人）に対して威嚇・抑止するという方法で行うのである。そして，事後的に，法益を侵害した加害者に対して刑罰を科すことによって，こ

3 刑法が生み出す世界とその限界

れもまた，潜在的被害者（一般人）の法益を保護し，潜在的加害者（一般人）に対して威嚇・抑止するという働きを有する。もっとも，第2講義で述べるように，刑罰を応報とだけ理解する見解によれば，事後的に応報として刑罰を科すことそれ自体に意味を与えるだけとなろう。

また，前述したように，刑法は，市民を恣意的に加害者にしないということで，市民を国家権力の犠牲者になることから保護しているという面がある。さらに，刑法は刑罰を発動する規範であるが，刑罰の執行として，たとえば，懲役などの自由刑において，受刑者の人権を保護する形で刑が執行されている。

このように，刑法で守れるのは，一般人（潜在的被害者・潜在的加害者）と（顕在的）加害者ということになろう。

◇刑法で何が守れないのか

これに対して，刑法で守れないものは，（顕在的）被害者である。被害を実際に被った被害者（遺族）を保護するのは，まずは，金銭賠償という形で損害を回復する民法である。被害者（遺族）に対して刑法で保護できるのは，せいぜい被害者（遺族）の処罰感情の充足ということであろう。しかし，この被害者（遺族）の処罰感情を本当に刑法は守れるのだろうか，あるいは，そもそもそれを守るべきなのだろうかという根本問題がここにある。また，一般人（潜在的被害者）の処罰感情の充足という点も問題となろう。

前述のように，これらの処罰感情というものが独り歩きしているのが現代的現象である。しかし，前提とすべきは，被害者（遺族）あるいは一般人の感情はさまざまであるということ，刑法における精緻な犯罪論はこれらの感情に沿って体系化されているものではな

11

く，むしろこれらの感情に流されないために存在しているということである。確かに，被害者（遺族）や一般人の感情から遊離し，「それはしょうがない」と放置しておくと，社会は騒然となり，暴動も起きるという懸念もあるかもしれない。しかし，刑法はこういうものであると国民に知らしめ，国民を啓蒙していくということのほうがより重要であると思われる。

　もっとも，被害者（遺族）や一般人の処罰感情は，量刑事由として考慮されており，その限度で，刑法は，被害者（遺族）・一般人の感情を保護しているのである。

◇刑法の世界はどんな世界か

　犯罪を対象とする学問には，刑法学のほか，刑事手続に関わる刑事訴訟法学，犯罪原因などに関わる犯罪学，犯罪対策などに関わる刑事政策学などがある。このことから，「犯罪」という場合に，どの分野，どのレベルにおける犯罪を問題にしているかという点に注意しなければならない。また，刑法学の対象は，犯罪問題全体の一部であることを認識する必要もあろう。

　刑法は，行為者が刑罰法規上の 行為規範 に違反し，国家が刑罰法規上の 制裁規範 に基づいて刑罰を科すことから，国家対加害者という関係を規律する法である。したがって，刑法は，犯罪を，国家対加害者という図式で捉えている。しかし，犯罪は，犯罪現象的に見れば，加害者にのみ犯罪原因があり，それを起因として一方的に遂行されるものではない。犯罪は，社会との関係，被害者がいれば，被害者との関係，さらには刑事司法との関係などの相互作用によって生じるものである。犯罪の全体像との関係においては，刑法学の対象はその一部であることを自覚しなければならないのである。

3 刑法が生み出す世界とその限界

このように，刑法の世界は，国家による刑罰という法効果が生じる世界であり，刑罰を科されるのは加害者である。したがって，国家対加害者という図式が中核であるが，前述のように，犯罪に関わる人々，とりわけ被害者（遺族），一般人，マスコミ等によりこの図式が揺らいできているわけである。対被害者（遺族）や対一般人の問題は，刑法の世界，刑事司法の世界とは，それらと関係しつつも独立した世界であることを確認しなければならないだろう。

Bridgebook

第2講義
刑罰を科すことの根拠を考える

犯罪・刑罰と学派の争い

1 何が刑罰を科すことを根拠づけるのか
──刑罰の正当化根拠

◇そもそも「罰」あるいは「サンクション」とは何か

　これまで，親とか学校の先生とかに怒られた経験があると思う。たとえば，小学校のときに宿題を忘れてきて廊下に立たされたり，大学生であれば，勉強しなかったためにひどい答案を書いたため「不可」という成績評価が下されたり，などなどである。これらは，刑罰ではないが，罰あるいは**サンクション**というものを考えるうえで格好の材料である。すなわち，先生は，「何のために」，このような罰あるいはサンクションを科したのであろうか。「今朝，家内と喧嘩したから」という不合理な理由もあるかもしれないし，『異邦人』のムルソー的に「太陽のせいかもしれない」という不条理な理由もあるかもしれない。しかし，先生はやはり何らかの合理的な理由に基づいて罰・サンクションを科したのであり，ましてや，国が科す刑罰は，正当な根拠を有するものでなければならないことは言うまでもない。

　さて，先生が宿題を忘れた生徒を廊下に立たせた理由としては，

次のようないくつかのものが考えられる。

　第1は，「宿題をしてこなかったから」という理由だけで「廊下に立たせる」という，いわば「目には目を，歯には歯を」という因果応報ということが考えられる。これは特に目的があるわけではなく，単なる反作用的なものとして罰をくわえるのである。

　第2は，他の生徒たちへの見せしめという理由も考えられる。その宿題をやってこなかったその生徒ではなく，他の生徒たちに関心があり，その生徒たちを威嚇するわけである。すなわち，宿題をやってこないと廊下に立たされるから，みんなが宿題を今後必ずやるようにするために罰をくわえるのである。

　第3は，宿題をしてこなかったその生徒を立ち直らせるという理由も考えられる。すなわち，その生徒に対する教育的効果を狙うわけである。その生徒に今度から宿題をやってこさせるようにするために罰をくわえるのである。

　第4は，宿題をやらなくてはならないのだ，というルールをそのクラス内において維持させるという理由も考えられる。あるいは，宿題をしてこなかった生徒が破ったそのルールを回復させるということでもある。教室内に宿題をしなければならないというルールが確かに存在することを確認するために罰をくわえるのである。

　これらの理由は，大体日常生活のさまざまな場面における罰に共通するものであろう。もっとも，私的な側面が強い場合には，第2の理由や第3の理由などはなくなるが，公的な側面が強い場合には，大体この4つのことが考えられる。刑罰は，まさに公的な面が前面に登場してくる場面に位置する。

第2講義　刑罰を科すことの根拠を考える

◇日常的な罰と刑罰とはどこが違うか

両者の違いはどこにあるのだろうか。

第1に，日常的な罰は千差万別であるが，刑罰の種類は限定されている。刑法9条は，主刑として，死刑，懲役，禁錮，罰金，拘留，科料，付加刑として，没収を規定している。したがって，たとえば，百たたきの刑のような身体刑は禁止されるのである。

第2に，刑罰の程度も限定されている。何年の懲役を科すことができるかは，各条文で規定されている。たとえば，殺人罪であれば，刑法199条によって，（死刑もあるが）無期懲役か5年以上の懲役を科すことができる（これを法定刑という）。裁判官は，この法定刑を基準として，刑を加重あるいは減軽する事情があれば，それを施して，何年から何年までの懲役という刑の枠を作り（これを処断刑という），その枠の中で「被告人を懲役10年に処する」という判決（これを宣告刑という）を言い渡すのである。

第3に，これと関連するが，刑罰は国家が科すものであるから，国家刑罰権の正当化根拠の問題にまで議論を遡らせる必要がある。国家刑罰権が，憲法上どのように正当化されるかが最も重要な問題である。

◇刑罰論いろいろ

さて，前述した日常的な罰の根拠は，刑罰とは何かをめぐる論争にそのまま対応させることができる。

第1の考え方は，応報論であり，刑罰は，犯罪に対する反作用として，刑罰を科すことそれ自体に意味があるという考え方である。「目には目を」という正義論（カント）が基礎にある。刑罰はもっぱら過去に行われた行為への反動ということから，回顧的な刑罰観

16

に基づいている。この考え方は，刑罰には目的はなく，たとえば，他人を殺害することは，すべての人を殺すことと同義であり，その結果自分をも殺害したことになるというものである。もっとも，犯罪は法の否定であり，刑罰は法の否定の否定である（ヘーゲル）と解するならば，刑罰は「法の回復」のためにあることとなり，応報論も何らかの目的を持つようになる。

　第2の考え方は，**一般予防論** であり，刑罰は，一般人に対する威嚇のためにあるという考え方である。犯罪を行った具体的な行為者ではなく，これから犯罪を遂行する（かもしれない）潜在的な行為者（一般人）に対して犯罪をしないように抑止することを目的とする。もっとも，最近では，この考え方を **消極的一般予防論** と位置づけ，第4の積極的一般予防論と区別されている。

　第3の考え方は，**特別予防論** であり，刑罰は，行為者の改善・教育のためにあるという考え方である。行為者を社会に復帰させるために処遇して再社会化させることを目的とする。応報論とは異なり，行為者の将来の犯罪を予防するという展望的な刑罰観に基づいている。

　第4の考え方は，**積極的一般予防論** であり，刑罰は，国民に規範意識を覚醒させるため，あるいは法的平和の回復のためにあるという考え方である。ルール自体の価値を再確認させるという側面をも有している。

　以上が，前述した日常的な罰に対応させた刑罰本質論ということになる。もっとも，多くの考え方は，これらのどれか1つの見解で根拠づけるということはせず（そもそも1つの見解を徹底させたらたいへんなことになろう），これらの考え方をすべて考慮しようとする結合説あるいは総合説という見解が有力である。

17

第 2 講義　刑罰を科すことの根拠を考える

　問題は，どのような形で結合・総合させるかであるが，同時的に行うこともできるし（たとえば，判決に際し，応報を頭打ちにして，予防を考慮するとか），あるいは，通時的・時系列的に考慮することもできる（たとえば，法定刑の存在によって一般予防を考慮し，判決の段階では応報を考慮し，行刑の段階では特別予防を考慮する）。いずれにせよ，応報の枠内で，それに予防を加味して考えるという 相対的応報論 が一般的な考え方であるといえよう。

◇憲法から刑罰論を眺めよう

　まず，国家それ自体に絶対的な価値を認めることはできない。なぜなら，国家は，われわれの生命・身体・財産等の利益を保護する手段として考案された政策的な調整制度だからである。国家は何らかの機能，目的を有するシステムでなければならない。このような視点からそれぞれの刑罰論を検討しなければならない。

　応報論は，それが何の目的も持たず，ただ国家的な反作用であるというのであれば，国家的価値こそ最高であると認める国家観を基礎とすることになり，妥当ではない。特別予防論も，かりに歯止めのない改善思想と考えるならば，また，（消極的）一般予防論も，かりに歯止めのない威嚇思想と考えるならば，それぞれ国家の任務を逸脱することになる。なぜなら，前者であれば，改善されるまで刑務所から出られないという不定期刑が理想の刑罰となり，後者であれば，窃盗犯人に対して死刑を規定することも許されるという，とんでも無いことになってしまうからである。

　したがって，反作用という意味での応報を刑罰発動の歯止め（頭打ち）として位置づける一方，一定の目的を有するものとして刑罰を理解することが，憲法上正当化されるのであり，それが 国家刑罰

18

権の正当化根拠 となるべきであろう。

　要するに，国家はあくまでも個人と共同体との自由なコミュニケーションを支える政策的な制度であり，したがって，刑罰は，個人と共同体の自由なコミュニケーションの維持のためにあると言わねばならない。

　刑罰は，犯罪によって侵害された法的平和を回復させる国家システムである。犯罪に関わる登場人物として，まず，加害者としての行為者がいて，被害者がいる。しかし，この当事者だけが関わるのではない。それぞれの関係者（ミクロ・コミュニティ）から，地域社会（マクロ・コミュニティ）などの公的なレベルも関わり，さらに，社会，国家というレベルにまで広がりを見せるのである。法的平和とは，加害者，被害者，コミュニティの三者間における規範的コミュニケーションであり，この回復のための最終手段が刑罰であると解することができよう。

2　尽きることのない「刑罰観」論争
──学派の争いって一体

◇自由意思ってあるの

　刑罰の本質・目的についての論争の根底には，人間には「**自由意思**」があるのか，ないのかという困難な問題が横たわっている。応報論は，人間には自由意思があり，犯罪を行うことを選ぶことも，選ばないこともできる存在であるから，犯罪を行うことを選んだ犯罪者に対しては，「けしからん」という非難（道義的非難）ができるというのである。また，（消極的）一般予防論も，「自由意思」を前提としており，人間は合理的な選択ができるから，事前に刑罰によ

って威嚇しておけば，その不利益を考慮して犯罪を行うことをやめるだろうということである。

これに対して，特別予防論は，「自由意思」など幻想にすぎないとして，犯罪は「素質あるいは環境」の産物であるというわけである。

自由意思を肯定する見解（非決定論）と自由意思を否定する見解（決定論）の争いは，刑法学上いわゆる「学派の争い」として展開されたのである。

自由意思を肯定する立場は，**古典学派（旧派）**と称され，啓蒙思想に基づく近代刑法の出発点を形成した。厳密には，前述した「（消極的）一般予防論」がこれであり，前期旧派という名称が与えられ，後期旧派は，前述した「応報論」の立場である。いずれにせよ，犯罪は自由意思の産物であるという見解である（もっとも，前期旧派は決定論であるという見方もある）。

自由意思を否定する立場は，**近代学派（新派）**と称され，犯罪は素質と環境によって決定されたものだと主張した。これは，19世紀後半以降の資本主義の発展により，景気の変動や人口の都市集中に伴い，貧困・失業・疫病などの社会問題を発生させ，その結果，犯罪特に常習犯の増加をもたらしたこと，新技術の発明，発見によって自然科学的な実証主義の立場から犯罪および犯罪者の研究が行われるようになったことなどから，犯罪は必然の産物であるという認識がもたらされたわけである。

◇ **「学派の争い」には，現在どのような意味があるのか**

学派の争いは，刑法の対象である「人間」をどう把握するかという点で意味を有する。

2 尽きることのない「刑罰観」論争

　古典学派における人間像は，自由意思を有する合理的で打算的な人間である（**合理的人間像**）。これに対して，近代学派における人間像は，自由意思を有さない，素質と環境に決定された人間である（**宿命的人間像**）。しかし，前述のように，現在では，両者を結合・総合する考え方が一般的である。すなわち，人間は，確かに，素質と環境に決定されているが，逆に，これを決定していく自由があるという考え方がこれであり，相対的非決定論と称されている（「決定されながらも決定していく」という**主体的人間像**）。これによれば，自由な部分に対しては，非難を行い，決定されている部分に対しては，改善を行うということになる。刑法は，自由意思を実在としてあるいは仮説として承認せざるを得ないと言えよう。

　さらに，「学派の争い」は，犯罪論の基礎に「行為」を置き，客観的に構成していくか（旧派），あるいは，犯罪論の基礎に「行為者」を置き，主観的に構成していくか（新派）という問題に関係する。しかし，この問題も，現在では統合され，前者の面を中心としつつ，後者の面を補充していくという考え方が一般的である。

◇刑罰なんていらない？

　しかし，刑法が人間の自由意思を仮定しないと成り立たないというのは，何とも脆弱な基盤に立っていると驚かれるかもしれない。脳科学の発展によって，犯罪はすべて脳が決定したことであると実証されたならば，刑罰を賦課する刑法の存在根拠は根底から崩壊するだろう。決定論のルネッサンスが到来するかもしれない。

　他方，刑罰を科しても，何の効果もなく，かえってマイナス効果しか生まれないとか，国家の刑罰権の存在根拠それ自体が疑問であるとか，被害者の保護にとって国家刑罰は意味があるのか疑問であ

るなどの点から、「刑罰廃止論」というラジカルな主張も行われている。

となると、刑罰は必要なのかという根本的な問いが、まさに現代において、きわめて重要な課題となってきているのである。

そもそも法は、何のため、誰のためにあるのか、次に、法の中で刑法は、何のため、誰のためにあるのか、という根本的な問題が問われているわけである。

第1講義で論じたように、法は、ルール（規範）であり、それは、行為規範と制裁規範の結合ともいうべきものである。行為規範は、法のみならず、前述した道徳などからも生じるのであり、私たちが生き続けることのできる行動指針を提供する。「禁煙席でタバコを吸うな」、「借りた金は返せ」、「人を殺すな」などは、レベルは異なるものの、すべて行為規範である。このような行為規範は何のためにあるのかといえば、環境とか自然なども含むところの、広く人間の利益を保護するためにある。しかし、この行為規範に違反する者は必ずいるわけで、それをそのままにしておくことはできないから、違反した者に何らかのサンクションが必要となる。このサンクションが制裁規範であり、制裁規範には、損害賠償や差止めなどもあり、究極の手段が刑罰ということになる。

要するに、人間の利益を保護する行為規範があり、それを維持するために制裁規範があり、制裁規範の中に刑罰がある。刑罰がなければ、行為規範を通じてであるが、人間の利益の中で最も基礎的な利益である生命、身体、財産などを守ることができないのである。このような利益を守る場合、刑法によって、事前的には、一般予防としての機能が働き、事後的には、応報を歯止めとして予防を考慮しながら、刑罰が言い渡され、そして執行されることになる。もっ

とも，事後的に刑罰賦課の必要性がないという場合には，執行猶予などの措置も採られることになる。いずれにせよ，刑罰論は永遠の課題であり，これからも探究していかなければならない課題である。

Bridgebook

第3講義
日本の刑法はどこからきたのか

刑法典の由来

1 日本の刑法はヨーロッパの刑法を模範とした
―― 刑法典の沿革とその特質

◇明治生まれの刑法

　手元にある六法の刑法典のタイトルの横あるいは下を見て，現在の 刑法典 がいつ作られたかを確認してみよう。明治40年4月24日法律45号と書いてあるはずだ。そう，今私たちが使っている刑法典は明治生まれなのである。明治40（1907）年に公布され41（1908）年から施行された。この刑法典は，もう誕生から100歳を超える高齢であり，何度となく一部改正という整形手術は加えられているが，しかしその大部分は最初から変わっていない。そのうちで一番大きな改正は平成7年の改正であり，条文の文章が文語体の文章から口語体の文章に全面的に書き換えられ，私たちにとって読みやすいものになった。よく例に挙げられるのが38条2項である。現在は「重い罪に当たるべき行為をしたのに，行為の時にその重い罪に当たることとなる事実を知らなかった者は，その重い罪によって処断することはできない」となっているが，改正前は「罪本重カル可クシテ犯ストキ知ラサル者ハ其重キニ従テ処断スルコトヲ得

ス」と規定されていた。内容に入る前にまず読み方の確認から始めないといけなかったのである。刑法典は、刑事裁判を行うときに裁判官が使用する基準・尺度として機能（裁判規範）するだけでなく、国民に日常生活上の行動の指針を示すもの（行為規範）でもあるから、現代の私たちが読んで一応理解のできる表現が使用されるのは当たり前のことである。その意味では、明治にできた刑法典の文章を口語化して私たちにとって読みやすいものにしたのは当然の改正であった。

◎刑法典はわが国で初めての刑法か？

「なぜ明治に刑法典はうまれたのだろうか」と問う前に、刑法って明治になるまでなかったのだろうかを考えてみよう。答えは、もちろんNOである。刑法や刑罰は、社会秩序を守る最強かつ最終兵器として、社会生活を営む上ではなくてはならないものであるから、刑法や刑罰を持たない国家はないといってよい。だから、日本でも一定規模の国家が成立してから以降は、当然にずっと刑法も刑罰も存在したのである。

とはいっても、法律らしい刑法で日本で一番古いものは、701年の大宝律であるといってよいであろう。大宝律、そしてその後の養老律は、中国の唐の律令を輸入したものであった。律が刑法で、令は行政法その他の法律を意味している。律令制度の時代は律によって犯罪や刑罰をコントロールしていたのである。そして、その後も現在にいたるまでわが国にはずっと刑法は存在した。たとえば、鎌倉時代から江戸時代までの武家政治の時代には、いわゆる武家法の形で刑法が存在した。武家法といっても時代ごとにさまざまなものがあったが、——鎌倉時代の御成敗式目とか、戦国時代の分国法な

どを日本史の授業で習ったことを思い出すだろう――その中でも江戸時代の公事方御定書の中の御定書百箇条がその影響力や完成度の面から特筆に値する。なるほど律は成文法で，武家法は慣習法という形をとったが，両者とも裁判をする者のための法（裁判法）であり，国民に向けて公布されたものではなく，また一定の身分制度を前提にした法的システムという意味で共通点を持っていた。

◇**明治時代に入ってもさまざまな刑法が作られた**

明治維新によって王政復古を果たした明治政府は，天皇を中心とした中央集権国家としての整備を始めなければならなかった。そして，そのための法整備も当然のこととして行われた。そこで，明治政府は，1868（明治元）年に仮刑律を，1870（明治3）年に新律綱領を作成した。これらは，大宝律・養老律というわが国古代の律や唐律・明律などの中国法と御定書百箇条等の徳川刑法とを参考に作成された。それらは，まさに王政復古，中央集権国家形成のための律令制度の復活という意味を持っていた。また1873（明治6）年に新律綱領に追加して，改定律例が作られた。これは，フランス刑法も参考にして，初めて逐条形式をとり全部で318条からなり，刑罰に懲役・禁錮をも導入していたが，本家中国流の律のリメイク版であるという本質が変わるものではなかった。つまり，明治のごくはじめには，それ以前のものと変わらない封建主義的な刑法が存在していたのである。

◇**ヨーロッパ刑法を手本にした刑法典の登場**

ところが，1881（明治14）年にヨーロッパ刑法にならった刑法典が公布され，1882（明治15）年の1月1日から施行された。それが，

26

旧刑法（明治13年太政官布告第36号）である。旧刑法は，司法省嘱託として働いていたフランスの法学者 **ボアソナード** の作成した日本刑法草案が元になっている。彼は，1810年のフランス刑法を基礎に，その後に立法されたドイツ，ベルギー，イタリア，ポルトガルなどの刑法も参考にしたばかりでなく，日本古代の旧律をも参考にして草案を作成した。この刑法典が，現在に繋がる法体系でのわが国最初の刑法典であった。それ以前の刑法と比較すると，この旧刑法は，罪刑法定主義を導入し類推解釈や刑法の遡及効を否定したこと，犯罪者の身分による刑の差異を否定したこと（閏刑の否定），故意責任と過失責任を峻別する責任主義を確立したこと，身体刑を廃止したことなど，個人主義的・自由主義的傾向を色濃く持つものであった。

　一体，どうしてこのような刑法典が明治に入って10数年経ってから作成されたのだろうか？　その一番大きな理由は，幕末に列強諸国と締結された不平等条約の改正であった。特に治外法権を撤廃するためには，列強諸国が納得する，その意味で当時の国際標準の法典と司法制度を準備する必要があったのである。そこで，明治政府はいわばヨーロッパの関係法規を翻訳するような形で法整備を進めたのであった。また，殖産興業政策により資本主義社会が一定程度発達したので社会構造が変化をして，それまでの社会とは異なった法制度が必要となったことも，その一因であったと言えよう。ともかく，旧刑法の登場で，本家中国流の法システムから本家ヨーロッパ流の法システムへと大きく舵がきられたことは，その後の歴史をみても確かなことであった。それは，また，本家中国風の社会構造から本家ヨーロッパ風の社会構造への変革の舵がきられたという意味をも持っていた。さらに，このような法システムの転換に伴い，それ以後ヨーロッパの刑法理論もわが国の学問研究の中心とな

った。

しかしながら，旧刑法は，その施行の年からすでに改正の必要性が叫ばれ，結局，現在の刑法典（明治40年法律第45号）が1907（明治40）年に公布され翌年から施行されることになった。それは，1887（明治20）年頃から犯罪がいちじるしく増加し1896（明治29）年頃にそのピークに達したことから保安要求が強くなり，――もちろん，この犯罪増加は明治初期の社会的変動とその混乱からきたものであり，その当時の経済的・文化的諸条件によるものであって，刑法のみにその原因を求めるのはフェアーでないが――基礎となったフランス刑法の個人主義・自由主義が反映する旧刑法の社会保安上の無力さが強く批判されたことや，1890（明治23）年の憲法制定に当たり，わが国と似た立憲君主制をとるドイツ憲法が重視されたために，法体系全体にドイツ法への傾斜が強まったことによるものであった。

2 現行刑法には当時の新思潮が盛り込まれた
――刑法典の改正とその背景にあるもの

◇現行刑法典の特色は？

現行刑法典は，1871年のドイツ刑法が手本とされた。とは言っても，ドイツ刑法を手本にした現在の刑法典は，フランス刑法を手本にした旧刑法とまったく違った新しいものになったというのではなく，実質的にはその内容に修正を加えたものにすぎない。それは，旧刑法も現在の刑法典もともにヨーロッパの法体系に属するという共通点を持っていたことによるものであろう。

現行刑法典の新たな点は，以下の各点である。①旧刑法が採用し

2 現行刑法には当時の新思潮が盛り込まれた

ていた重罪・軽罪・違警罪という区別を廃止し，さらに刑罰，特に
自由刑を，旧刑法の徒刑・流刑・懲役・禁獄・禁錮という種類を懲
役・禁錮・拘留にした上で，監視，剥奪公権，停止公権を廃止した。
②犯罪類型を簡素化・抽象化して条文数を 424 条から 264 条に減
らし，その関係で，法定刑を幅が広いものとした。③未遂犯処罰を
必要的減軽から任意的減軽とした。④刑の執行猶予制度を導入し，
また仮出獄の要件を緩和した。

　刑法典が作成された当時，ドイツでの刑法理論は，古典学派刑法
学と近代学派刑法学が激しく対立していたが，その対立はわが国に
もやってきた（学派の争いについては第 2 講義参照）。ただわが国で
は，ボアソナードによるフランス新古典学派刑法学の後に，すぐに
近代学派刑法学が主流となり，──ドイツとは異なり──少し遅れ
て古典学派刑法学が台頭したという点に特色があった。そして，現
行刑法典作成当時は，近代学派刑法学が有力であった。したがって，
手本にしたドイツ刑法は古典学派刑法学の考えが色濃く影響したも
のであったが，特にその改正点の多くは，むしろ保安要求の高まり
とリンクして刑法改正の議論をリードした近代学派刑法学の主張が
反映されたものである。このことは，前述の改正点で，②・③にお
いて科刑に当たり裁判官の裁量の範囲を拡大し行為者ごとにその再
犯の危険性に対処しようとしたこと，④において刑の執行猶予制度
を導入・拡大することで短期自由刑の弊害を回避しようとしたこと
などに特に明確に表われている。刑の**執行猶予**制度は，1881 年に
ベルギー，1891 年にフランスで導入されたもので，当時のヨーロッ
パの刑法典にもほとんど導入されていない最先端のものであった。
また，この刑法施行と同時に旧刑法と一緒に施行されていた監獄則
（明治 14 年）を改正する形で**監獄法**が施行されて主にドイツの行刑

29

第3講義　日本の刑法はどこからきたのか

を参考にした近代的な監獄と行刑の制度が創設された（監獄法は，その後改正されて，刑事収容施設及び被収容者等の処遇に関する法律になった）。

◇なぜ，刑法典はその後新しくならなかったのだろうか？

旧刑法は約30歳で今の刑法典と交代したのにもかかわらず，今の刑法は100年以上次の新しい刑法と全面的には入れ替わっていない。

実は，現行刑法ができた後も，刑法改正作業は何度も行われている。まず大正時代に第一次世界大戦後の社会状況の変化に対応するという目的で改正作業が行われ，「改正刑法仮案」が作られた。また，第二次世界大戦後も戦争によって中断されていた刑法改正作業が再開され，1961（昭和36）年に「改正刑法準備草案」が，1974（昭和49）年に「改正刑法草案」が作成されるなど，何度か全面改正の試みが行われている。改正刑法草案に対しては，その厳罰化傾向や国家的法益を重視する傾向等が強く批判されて，作業がストップしてしまった。その後，法務省は代案や刑法改正作業の当面の方針を公表したが，改正作業を推進するものとはならなかった。とりわけ，大日本帝国憲法から日本国憲法へと改正され，国家の基本的な枠組みに変更がみられた1946（昭和21）年に刑法改正の大きなチャンスがあったが，そのときにも，皇室に対する一連の条文などの削除や妻だけを処罰することとした姦通罪の削除，憲法21条の表現の自由の保障との関係で名誉毀損罪における事実証明規定（230条の2）を新設するなどの憲法との抵触を避けるために必要な部分的修正にとどまったのである。

30

このような改正作業の停滞があったにせよ，刑法の全面改正の強い意思がみられなかったのは，現行刑法が明治期に作成されたにせよ，一部改正のみでその後の社会情勢の変化に対応できるものであった，その意味で当時としてはかなり先進的な刑法典であったことによるものであろう。今の刑法典が修正してもおよそ現状に対応できないものであれば，とっくに全面改正されているはずだからである。その１つとして特筆に値するのは，現行刑法典の犯罪類型が包括的・抽象的なもので，また法定刑の幅も広いことである。そのために法解釈の許容する範囲内で，新たな犯罪行為をその犯罪類型に取り込む形で処罰することを可能にするという方法で柔軟に対応できたのである。たとえば，行使目的でテレホンカードの度数表示を変更するという新たな犯罪行為を有価証券変造罪として処罰するという解釈等がこれにあたる（ただし，現在では支払用カード電磁的記録不正作出・共用・譲り渡しの罪（163条の２）で処罰される）。

3　刑法典，そして刑法
——刑法典，周りを固める特別刑法

◇刑法はたくさん存在する

刑法とは，何度も繰り返しているように犯罪と刑罰に関する法律をいう。逆に言えば，犯罪と刑罰に関する規定はすべて刑法なのである。そして，刑法典は確かに刑法の本家本元といえるかもしれないが，それ以外にもたくさんの刑法は存在する。それは，たとえば特別背任罪のように他の法律（会社法960条）の中にこっそり身を潜めている（?）こともあれば，軽犯罪法のように独立して存在することもある。これら刑法典以外の刑法に関する諸規定や法律を**特**

第3講義　日本の刑法はどこからきたのか

別刑法という。この特別刑法は，さらに行政法上のルール遵守を刑罰で確保するという目的のもの（行政刑法）と一定の特別な犯罪領域にスポットを当てた刑法（狭義の特別刑法）に分類することができる。狭義の特別刑法では，刑法典と同様に「～した者は，～に処する」という形の規定形式がとられるが，行政刑法では法律の前半で「～してはならない」とか「～しなければならない」とルールが規定され，後半でそのルール違反に対する罰則が規定されるという規定形式がとられることが多い。行政刑法の例としては酒酔い運転・無免許運転その他の行為を処罰している道路交通法を，狭義の特別刑法の例としては航空機の強取等の処罰に関する法律，人の健康に係る公害犯罪の処罰に関する法律，爆発物取締罰則を挙げることができる。刑法典の総則規定は，原則としてこれらの特別刑法にも適用されることになっているので（8条），その意味でも刑法典はすべての刑法の本家本元である。さらに，とりわけ行政刑法においては，ルールの遵守を刑罰で強制して得られる利益と刑罰を科すことによる不利益が比例していること，当該刑罰が目的達成のために適合し最小限度の手段といえるかという基準で刑罰の安易な使用に歯止めをかける必要がある。刑罰は効き目の強い抗生物質のようなものなので，副作用にも気をつける必要があるし，その乱用も避けなければならないのである。

◇刑法は進化し続けなければならない？

刑法は不変であるべきなのだろうか，常に変化すべきなのだろうか？　刑法は，その国家が何を犯罪と考えるか，どのぐらい重大な犯罪と考えるかを——法定刑という形で——国民に示したものであるから，そのような社会的に有害な行為に対する規範的評価がくる

32

3 刑法典，そして刑法

くると簡単に変動することは妥当ではないし，社会生活の安定化に
むしろ有害となろう。また，それではいつ犯罪を行ったかという条
件のみによって刑罰が異なることにもなり法的安定性を害し，また
処罰についての不公平感を生むことになり国民の遵法意識に悪影響
を与えてしまう。その意味では，刑法は固定的なものでなければな
らない。しかし他方では，科学・技術の進歩や経済活動の高度な発
達その他あらゆる社会活動の進歩によって，刑法立法当時は予想し
なかったような新たな社会的に有害な行為やきわめて大きな被害を
発生させる危険性を持った行為が生み出されることは否定できない
し，実際にも生み出されている。クレジットカードの不正使用によ
る莫大な経済的損失や公害による大量で広範囲の被害といったよう
なものがそれにあたるであろう。そのような行為に対しては刑罰を
科すことを新たに宣言しなければならない。その意味では刑法は当
然に変化しなければならないのである。つまり，刑法は不変かつ可
変なものでなければならない。ただし，あらたに処罰規定を刑法典
に導入するには，刑法という法律の本質上，当然に資格条件が必要
である。それは，まず，社会の中で刑罰を科してでも阻止しなけれ
ばならないという評価（当罰性評価）が固まっていること，すでに
存在する類似の規定と比べて同じぐらいの悪性（違法性）があるこ
とが必要なのである。また，その行為の社会的有害性と刑罰とがバ
ランスがとれていることも必要である。

　現在の刑法典をみても，すでに，このような意味で新しく付け加
えられた条文がいくつか存在する。たとえば，197条の2の第三者
供賄罪や197条の4のあっせん収賄罪は，197条の収賄罪同様の違
法性を持つものとして，あるいは197条の規定の不備を利用する
不正行為を処罰するものとして追加された規定である。また，科

33

学・技術の発達により電磁的記録物が文書同様の機能を持つことから文書同様の保護を与えるべきものとして，161条の2の電磁的記録不正作出及び供用罪や，18章の2として支払用カード電磁的記録に関する罪等々電磁的記録に関する犯罪処罰規定が追加されているのである（246条の2の電子計算機使用詐欺もこれに関連する罪である）。

さらに，条約締結の影響から条文が改正されたり付け加わることもある。2003（平成15）年に発効した「国際的な組織犯罪の防止に関する国際連合条約を補足する人（特に女性及び児童）の取引を防止し，抑止し及び処罰するための議定書」（国際組織犯罪防止条約人身取引議定書）を締結するための国内法の整備として，2005（平成17）年の刑法改正で，刑法典33章の章名が「略取，誘拐及び人身売買の罪」に変更され，225条に「生命若しくは身体に対する加害の目的」を追加したり，226条の2（人身売買）や226条の3（被略取者等所在国外移送）の条文が追加されるなどの変更が加えられたのがこのケースにあたる。

さらにまた，この点に関連して，特筆に値するのは危険運転致死傷罪に関する規定である。危険運転致死傷罪の規定は，2001（平成13）年の刑法改正で，危険運転に対する被害者遺族や世論による強い批判の高まりから，危険運転による死傷事故を，従来のように道路交通法違反と業務上過失致死傷罪による処罰ではなく，暴行による傷害や傷害致死と価値的に同じものだとして，その重罰化を図り，暴行罪の規定の後に導入されたものであった（208条の2―さらに2007（平成19年）年の改正で，危険運転致死傷罪の処罰対象が四輪車による死傷事故だけでなく原動機付自転車・自動二輪車によるものにまで拡大されると共に，211条2項に通常の業務上過失致死傷罪よりも法

3 刑法典，そして刑法

定刑の重い **自動車運転過失致死傷罪** が導入された）。

　そして，その後 2014（平成 26）年 5 月に施行された「**自動車運転により人を死傷させる行為等の処罰に関する法律** （2013（平成 25）年法律第 86 号）」は，刑法典から自動車運転過失致死傷罪と危険運転致死傷罪を取り出し特別刑法の形にまとめると共に，通行禁止道路を重大な交通の危険を生じさせる速度で進行することを，新たな危険運転致死傷罪の類型として追加した。またさらに，アルコール・薬物及び政令で定める病気の影響によって正常な運転に支障の生じる恐れがある状態で自動車を運転し，正常な運転が困難な状態に陥り死傷事故を起こした場合を，危険運転致死傷罪と自動車運転過失致死傷罪の中間に位置づけられる犯罪として処罰する規定を新たに設けた（いわゆる **準危険運転致死傷罪**）。これは，自動車運転による死傷事件の件数自体は減少傾向にあるものの，悪質で危険な運転による死傷事故が後を立たず，そのような事件に対する社会の処罰要求も強いことから，運転の悪質性及び危険性に応じた適切な処罰ができるよう罰則が整備されたものである。

　このように，刑法は犯罪現象の変化や社会の犯罪に対する反応に応じて，常に進化していかなければならない。しかし，刑罰という最終兵器を使用する刑法だからこそ，常にその乱用に注意し，犯罪の成立要件の明確化と犯罪と刑罰のバランスに細心の注意を払って進まなければならないのである。

Bridgebook

第4講義
刑法だけでは処罰できない

刑事実体法と刑事手続法

1 刑法は刑事手続を通して実現される
―― 刑法と刑事訴訟法との関係

◇処罰の公式を定める刑法

　法は普遍的なルールである。いつでもどこでも誰に対しても当てはまるルールを決めておくことで，公平な扱いを確実にしている（「その効力の及ぶ範囲で」という注釈が必要なことについては，第15講義を参照）。ただし，普遍性を意図すればルールは抽象的にならざるを得ないから，目の前の「この」事件をどう処理すべきかを直接教えてはくれない。法の適用とは，そのようなルールを具体的な事実に当てはめて結論を導く作業のことである。そこで，抽象的なルールが想定している事実は具体的にどのようなものであるかを明らかにする必要がある。逆にそのような事実が現に存在するかどうかが法適用にとって重要になる。

　法というルールには，大きく分けて **実体法** と **手続法** がある。実体とは，法律関係そのもののことである。たとえば売買契約が成立すると，契約に応じた商品の提供・代金の支払といった権利・義務が生じる。これがひとつの法律関係である。一般に，実体法は，法

律関係の成立条件（A）とそれに対応する効果（B）とを定める。つまり「AならばBとする」という公式のような形式で，定型的な取り扱いが決められている。このときのAを「**法律要件**」，Bを「**法律効果**」と呼ぶ。刑法は，犯罪という「法律要件」と，処罰という「法律効果」とを定める刑事実体法である。

◇契約者の権利行使と国家の刑罰権行使の違い

　法律要件に合致する現実の事実が存在すれば，実体法が規定するとおりの法律効果が生じる。先の例で言えば，契約成立のために必要とされる要件を満たせば契約は成立し，それに伴う効果が生じる。売買契約の当事者は，誰に言われるまでもなく権利を行使し義務を履行するのが普通である。裁判やその他の公的な手続を経なくても当然に，ある法律関係が成立しているからである。もちろん，契約どおりに義務を履行しない場合には，当事者は民事裁判という公的な手続に訴えて，強制的に実現させることができる。

　しかし，刑法の予定する法律効果は，国家の刑罰権限行使であり，強大な権力者により国民に対する大きな不利益処分が行われることを意味する。そこで，法律効果を現実のものとするためには，必ず裁判所による裁判というハードルを置くことにしてある。たとえ，犯人と目された人が「確かにこの行為を自分がやった」と認めていても，原則として裁判で確かめなければ処罰はできないのである。

　手続法は，その名のとおり，実体を現実のものとするための手続を定める法である。刑事法の場合には，「犯罪」という事実が存在するかを確定し「処罰」という法律効果を実現するための手続である。この手続は裁判だけではなく，捜査から始まる犯罪事実解明の全体に関わっている。刑事手続法としては，**刑事訴訟法** という名前

の法律が基本になるが，規則制定権を有する（憲法 77 条 1 項）最高
裁判所が定めた刑事訴訟規則もある。

◆ **どのように犯罪事実を確定するか**

大まかに犯罪処理の過程をたどってみよう。

たいていの場合，犯罪は，まず何らかの利益侵害が発見される形
で知られる。たとえば，家に帰ってみたら，たんすの引き出しが開
いていて現金がなくなっていることに気づく。それを見たら，警察
に「泥棒が入ったらしい」と通報するだろう。

警察は，刑法が 235 条で「他人の財物を窃取した者は，××に
処する」と規定しているのに基づき，その事実が「他人の財物を窃
取した」にあたるのか，あたるとしたら「他人の財物を窃取した
者」は誰かを調べる。

◆ **検察官が訴えて刑事裁判になる**

このような「捜査」の結果，警察がその事実（窃盗）の存在とそ
の犯人（より正確には，犯人と疑われる人＝被疑者）とを証拠で裏付
けられる状態にいたれば，警察の捜査は一応終了し，事件は検察に
送られる。逮捕された被疑者の場合は身柄もいっしょに検察官に送
致される。念のために言うと，テレビ・ドラマなどでは，犯人を
「逮捕」したところで終わりになることが多いが，処罰するために
は裁判で有罪の判決が下されなければならない。また，逮捕は犯罪
処理の必要条件ではないので逮捕されない場合もあるし，いったん
身柄が拘束されたとしても，必要がなくなれば釈放されることにな
っている。

さて，捜査記録の書類や証拠物など，あるいは被疑者の身柄を受

理した検察官は，嫌疑が十分だと判断すれば，公の立場で裁判所に有罪の判決を求める訴えを提起する。これを「公訴の提起」あるいは「起訴」という。被疑者を訴追する権限は検察官に独占的に与えられている。それどころか，検察官は，犯罪の嫌疑が十分でも事情によっては訴追しないことすらできる。これを「起訴便宜主義」という。このほか，特定の条件を満たす場合，たとえば交通事件などには特別の手続が定められており，犯人が納得しているような場合には，正式の裁判を経ることなく処分が行われることもある。

　裁判所が訴えを受理すると，舞台は裁判所に移り，検察官と被告人（そして，それを助ける弁護人）の双方が証明活動を展開し，これに対し中立的な立場から，裁判所が犯罪事実の有無を判断することになる。検察官と被告人が両方とも裁判の主体として法廷に登場するこのような裁判のやり方は「当事者主義」と呼ばれる。

◇ **刑罰という法律効果**

　刑罰は，被害回復や被害者救済をもたらすものではなく，行為者に対する害悪にほかならないので，むやみに刑罰を科すのは好ましくない。刑事手続では，正しい事実を発見することと並んで，あるいはそれ以上に，不当な人権侵害を避けることが重要である。刑事訴訟法1条にもそのような趣旨が書かれているので，読んでみてほしい。近代刑事法は，たとえ処罰すべき場合に処罰しない場合があっても，処罰すべきでない場合に処罰することは何としても避けようという考え方で成り立っている。「99人の真犯人を逃しても，1人の無辜を罰してはならない」，つまり，自分たちの利益を害した罪人を取り逃がす不都合よりも，自分がいわれのない処罰を受けることを避けよう，という考え方である。

第 4 講義　刑法だけでは処罰できない

◇疑わしきは被告人の利益に

　このような思想を表すもののひとつが，「疑わしきは被告人の利益
に」（ラテン語で"in dubio pro reo"，イン・ドゥビオ・プロ・レオ）と
いう原則で，要するに「疑わしいことは，被告人に利益なように扱
う」という意味である。検察官は，犯罪事実の存在を証明しようと
するが，十分に明らかにできず「疑わしい」とき，つまり検察官の
主張を認めてよいかどうかがわからない状態にとどまった場合には，
被告人に利益な事実認定が行われる。検察官の犯罪事実が存在する
という主張は否定されるのである。

◇裁判員による裁判は何のために行うのか

　日本の裁判は，高い見識を備えた職業裁判官への信頼によって成
り立ってきた。ところが，刑事事件においては，法律的な知識・経
験は，適切な処罰のためにもちろん必要なことだが，犯人や被害者
に対するより素朴な市民感覚を反映させることも必要なのではない
かという考え方がある。たとえば，英米の刑事裁判には，市民が有
罪・無罪を判断する「陪審」が存在している。専門的な法律論は別
として，法律要件を満たす事実が存在したかどうかを確認する「事
実認定」作業については，同胞の健全な市民感覚のほうに信頼をお
くことができるというのである。

　日本でも大正時代に陪審が行われたことがあったが定着しなかっ
た。その代わり，日本独自の「裁判員制度」が導入された。「裁判
員の参加する刑事裁判に関する法律」に基づくもので，刑事裁判に
素人が加わることは陪審と同じだが，陪審制では素人は事実認定と
有罪無罪の判断をするだけであるのに対し，裁判員制では，職業裁
判官と法律非専門家である一般人とがいっしょになって（合議体を

40

作って）事実認定を行い，有罪無罪の判断をし，量刑も行う。このような市民の参加が刑事裁判をよりよいものにしていくことが望まれる。そのために，本書も役立ちたいものである。

2 有罪でも刑務所に入らないことがある
――刑法と刑事政策との関係

◇過去の責任追及と将来の犯罪予防

刑罰の意義・目的について「責任と予防」という対比で考えてみよう。

俗な表現になるが，過去の失敗に対し，「だめじゃないか，困るじゃないか」と言って，刑罰で「けじめをつける」とすれば，これは責任を重視する立場である。これに対し，「やったことは悪いが，すんでしまったことはしかたがない。これから気をつけろ」と，将来に犯罪がおきないようにしていくことを優先すると，犯罪の予防の効果を刑罰に期待する立場になる。

今日の通説的な刑罰観は，その両方を考慮している。つまり，過去の事実そのものに対して責任を問うだけでなく，予防の観点から刑罰の必要性を吟味すべきだということになる。そうすると，責任はあるけれども，その人を処罰しても予防の役に立たないなら，むしろ処罰しないでおこう，という考えが出てくるのである。

◇刑を執行しないでおく

このような思想は，刑法の中にも表れている。刑の執行猶予（25条以下）という，有罪の宣告はするけれども実際には刑罰を執行しない（先延ばしにする）制度である。猶予された期間を無事に過ご

せば刑の言い渡しは効力を失うが，猶予期間中にまた犯罪を行ったりすれば，猶予が取り消され，刑が執行される。これに対し，執行猶予が付かず，実際に刑務所に収容される場合を，報道などでは「実刑」といっている。

このように実質的な刑罰の意義・効果とそれに応じた政策・制度・実施方法を研究する分野として，刑事政策がある。次に刑事政策に関するいくつかのトピックを取り上げて，その一端を知ってもらおう。

◇**犯罪原因をさぐる**

犯罪の予防は重要な政策課題であるが，実現するのは容易ではない。犯罪を予防するためには犯罪の原因を除けばよい，という論理になるが，犯罪の原因は複雑である。行為者個人のレベル，被害者個人のレベル，さらには，社会や制度のレベルなどにわたって，さまざまな要因が重なり合っている。そもそも何が犯罪原因となりうるか自体をめぐっても種々の議論がある。犯罪者個人の状態をはじめ，社会・経済・文化，さらには被害者となる側の事情など，多角的なアプローチが可能であり，また必要である。

このような犯罪原因論を扱う研究分野は，刑事学（犯罪学）と呼ばれるが，犯罪原因と犯罪対策とは表裏の関係にあるから，日本では，犯罪対策論を主とする刑事政策（学）の一部として扱われることも多い。犯罪学・刑事学と刑事政策との区別は相対的である。

◇**刑務所に収容することに不都合はないか**

犯罪対策の一例として，自由刑の執行について考えてみよう。現在の刑罰の中心は，懲役などの自由刑，つまり施設に拘禁する処分

である。では、「犯罪予防のために」拘禁することが妥当かというと、そうとも言えない。まず、犯罪を行っていない人を予防を理由に拘禁することには人権侵害の危険が大きい。将来の犯罪予測はたいへん難しく、不確実な予測に基づいて人を処罰するわけにはいかないからである。予防を考慮するとしても、犯罪の危険があれば処罰するというのではなく、予防上不要な処罰はしないという方向に限るべきであるように思われる。

また、刑罰執行自体に伴う弊害もあり、うっかりすると拘禁は予防に役立たないばかりか逆効果になるおそれがある。処罰されたせいで再び犯罪に向かう道も容易に思いつくだろう……他の犯罪者と接して、かえって悪に染まる。特殊な閉鎖空間に適応したせいで外の社会になじめなくなる。刑務所を出ても社会に受け入れられず、受け入れてくれるのは犯罪集団だけだった。うっかり事故をおこしただけなのに、仕事をやめざるを得なくなって経済的に行き詰まる……。社会の側の受け入れ準備も重要である。

◇刑務所の処遇はどうあるべきか

刑務所内に収容した場合にも、そこでの 受刑者の処遇 が課題になる。まず原理的な問題として、場所移動の自由を剥奪されるという不利益を被ることが自由刑の内容であるから、それ以外の不利益を課すのは避けるべきだ、という問題がある。施設から出られないという意味の自由剥奪のほかに、新聞を読んだり、手紙を授受したり、といった自由まで取り上げてはいけないのではないか。

だからといって、収容者の生活が施設外の生活より恵まれているのもおかしい。だいいち、そうなればむしろ刑務所にはいろうとして犯罪に手を染める人が出てくるかもしれない。犯罪予防どころの

話ではない。他方，受刑者処遇にもコストがかかり，民営施設も試みられるようになっているほどで，経済的な視点も無視できない。老齢者や障害者をどう処遇するかという問題も深刻である。

◇「刑事手続からの解放」という処遇

刑罰以前にも「処遇」は問題になる。捜査対象になるだけで多かれ少なかれ不都合は生じうるからだ。たとえば，警察に事情を聞かれたというだけで世間から白い目で見られることもあるだろう。コストの観点からも，犯罪に対する対応として最も効果的な処理が求められる。

そこで，刑の執行猶予だけでなく，それ以前の手続の各段階で，その負担から早めに解放することも考慮されてよい。実際，日本の刑事事件処理においても種々の制度がある。警察段階の捜査で終了し，検察官への送致を行わないですませる「微罪処分」（刑事訴訟法246条ただし書）や，起訴便宜主義に基づく「起訴猶予処分」（刑事訴訟法248条）などの措置が認められているのである。刑の執行猶予の制度も含め，これらの「刑事手続からの解放」を「ディヴァージョン（ダイヴァージョン）diversion」という。

このように刑事政策の課題は，立法と運用，刑罰執行の問題など幅広く存在している。

3 国家による責任追及と私人による責任追及
——刑法と民法との関係

◇法的責任の種類と責任のとり方

たとえば，自動車の運転を誤って歩行者にぶつかり，怪我をさせ

たとする。

相手は当然，怪我の治療費用の弁償を求めるだろう。もちろん法律上も損害を賠償する責任がある。これが代表的な民事責任のひとつ（不法行為責任）で，賠償は，いわば，怪我をしていない状況に戻すことをめざす手段である。一般に費用の弁償とは，損害が生じる前の状態に戻す（原状回復）趣旨で行われる。

運転免許停止の処分が行われることもある。これは行政責任に基づく処分の例である。自動車運転には危険が伴うから，運転できる者はそれなりの知識・技能のある人に限ることにするというのが免許制度だ。免許自体は，個々の法益との関係では間接的で形式的な方策だが，究極的には国民の法益保護につながるので，ルールが守られるように仕向ける必要がある。免許停止処分は，「運転適格者にのみ免許が与えられる」ということの反面だと言える。

◇刑事責任と法益の保護

これに対し刑事責任は，法益侵害行為に対する処罰によってルールを明らかにし，法益保護に役立てようとする趣旨のものだと考えられるだろう。法が保護しようとする利益を 法益 という。利益といっても今の状態にプラスすることだけでなく，現状そのままの状態も利益である。たとえば，財産には積極的に得られる（であろう）利益もあるが，今持っているという状態も利益であって，それを保護する必要がある。法益は，立法者が何を保護対象として選ぶかによって決まるが，実際には，問題になりそうな利益はほとんどが法によって保護されている。生命・身体・財産などの個人に属する法益だけでなく，お金や文書に対する信用や，社会の安全など，特定の個人の利益でない社会的法益，さらには，国家の作用（公務）な

ども法益になっている。

しかし，法益保護のあり方はひとつだけではない。たとえば，他人の土地をだまし取ることは，所有している土地という財産に対する侵害である。これを例に，財産という法益を保護するため，法が用意している手段をいくつかみよう。

◆取引の安全──民法的保護

まず，人をだます場合に直接対応する民法の規定をみよう。詐欺にあって相手に土地を譲り渡したとしても，土地を与えるという内容の意思表示を取り消すことができ（民法96条1項），取り消された行為は，初めから無効であったものとみなされる（民法121条）。したがって，譲渡の意思表示が取り消されると，譲った土地は，法律上の正当な理由がないのに相手に渡ったことになるから，だまされた側からその返還を請求できることになる。このような形で，だまし取られることから財産が保護されているわけだ。

ただし，民法96条3項では「前2項の規定による詐欺による意思表示の取消しは，善意でかつ過失がない第三者に対抗することができない」としている。「善意」というのは，事情を知らないことをいう。先の例で，土地の譲渡の後でさらに取引がなされ，最初の取引が詐欺によるものであることを知らずに第三者がその土地を取得したとしよう。このとき，その第三者に過失がなければ，これに対して最初の所有者が「先の被害物件を自分に返還しろ」という主張をすることはできないのである。民法の財産保護は，成立した法律関係を前提としてさらに変動した後の法律関係をも考慮しているといえる。ここには，取引の安全に対する配慮を見て取ることができるだろう。

3 国家による責任追及と私人による責任追及

◇現在の利益を守る——刑法的保護

刑法にも 詐欺罪（246条）の規定があり，他人の財物（土地のような不動産も「財物」に含まれる）をだまし取る行為を犯罪とし処罰することによって，そのような行為を禁止し人の財産を保護しようとしている。刑法には，民法96条3項のような規定はなく，いわば現在ただいまの法益保全が目的であって，その後の取引に関与する人の利益は，とりあえず度外視されているのである。

もちろん，民法にせよ刑法にせよ，すべての場合でこのような図式的な処理が行われるわけではないが，基本的な法益保護の方針に違いがあることは事実である。大づかみにいうと，民法的には「権利の存在およびその行使」が重視されるが，刑法的には「現にある利益の維持」が問題にされる。民法の法益保護のあり方は，安全な取引関係の進行に配慮するから柔軟であり，動的である。これに対し，刑法の法益保護の基本は，保守的であり，静的である。これは，刑法が目の前にある現実の利益侵害だけにそのルール適用を限定しようとする態度の表われだとも言える。次に改めて考えよう。

◇違法の統一性・相対性

民法も刑法も，法益を保護するという目的は同じだから，違法性の判断基準も同じである。あるいは，同じでなければならないように思われる。実際，先に挙げた不動産詐欺は，民法上も刑法上も違法である。しかし，すでに述べたように，法の趣旨・目的の違いによって対応が異なることは，一般に承認されている。

たとえば，いわゆる「不倫」は，民法上，不法行為（民法709条）として損害賠償（精神的損害の賠償，いわゆる「慰謝料」。民法710条）

の対象になりうる。しかし，刑法に「不倫」そのものを処罰する規定はない。つまり，不倫を理由として処罰されることはないのである。

◇**刑法は控え目な性格——謙抑性・補充的性格**

このように，刑法は，あらゆる利益保護を任務としているわけではなく，他の法律による法益保護では足りないところを補充するに過ぎない（刑法の補充的性格）。もし，すべての法益を並べたリストがあるとして，刑法による保護がある法益だけに印を付けていくと，あちこちに隙間ができる。これは，刑法の断片性 として挙げられる性格である。こうした刑法の控え目な性格は，刑法以外の法が法益保護の場面では優先すること，まずは刑法以外で解決し，それで足りないとなったときに初めて刑法が登場するという姿勢の表われである。

◇**刑罰という刀を抜くとき**

一般的に言えば，立法・解釈の種々の場面で，刑法の謙抑性 が意識されるべきなのである。なぜなら，刑事責任が法益侵害に対して行為者に対する法益侵害で応えるという，いわば非生産的制裁であり，しかもその制裁は，最大では生命剥奪，そうでなくとも多くは自由剥奪という重大な害悪を内容とするもので，用いないに越したことはないと考えられるからである。刑罰の「最後の手段」性 は，"ultima ratio"（ウルティマ・ラティォ）という表現とともに，古くから認識されてきた。私人による刑（私刑＝リンチ）を廃止し，国家に刑罰権を集中したことの1つの意味として，このような事情もあっただろう。もっとも，刑罰の役割が時代や社会のあり方によっ

て変わることについては，第3講義で述べたとおりであり，また，現代の具体的な動きに関しては第17講義以降の部分も参照してほしい。

Bridgebook

第5講義
刑法の中の民主主義・自由主義

罪刑法定主義の意義

1 刑法は自由の敵？ 自由の味方？

◆古い時代の刑法の克服——罪刑法定主義の生い立ち

　私たちは，犯罪を防止し，みんなが安心して暮らせる社会を守るという刑法の役割の大切さを理解している。ただ，刑法は，死刑，懲役刑，罰金刑といった刑罰を科すことによって，個人（犯罪者）の生命，行動の自由，財産などを奪うのだから，その使い方を誤れば（むやみに使えば），かえって私たちの日常生活に大きな悪影響をもたらすことを忘れてはならないだろう。こうした不安が，単なる思い過ごしではないことは歴史が証明している。

　かつて，刑法は，犯罪から人々を守ると同時に，宗教上や政治上の権力者を守るための道具でもあった。中世ヨーロッパで行われた魔女裁判は，その典型例と言えよう。何の罪もない人々が，魔女であるという嫌疑をかけられ，拷問によって，魔女であると自白させられ，処刑されていたのである。そのうちの少なくない数の人たちが，時の権力者にとって不都合な存在だった。私たちは，4万人にも及ぶという魔女裁判の犠牲者が，すべて冤罪で処刑されたこ

とを知っている。このように，古い時代の刑法は，①権力者の都合の良いように用いられる（恣意性），②どのような行為が犯罪で，その行為にいかなる刑罰が科されるのかが明らかにされていない（専断性），③対象者の身分によって差別的な取扱いがなされる（身分性），④犯罪の程度に比例しない重い刑罰が用いられる（苛酷性），⑤道徳観・価値観を強制的に押し付ける（干渉性）といった性質を持っていた。まさに，刑法は，人々から，自由を奪う「敵」だったのである。

　しかし，このように刑法が権力者らの道具として用いられていた18世紀のヨーロッパに，個人の自由と平等の尊さをうたう「啓蒙思想」が登場した。イタリアのベッカリーアやドイツのフォイエルバッハなど，啓蒙思想の普及に努めた偉大な先人たちは，古い時代の刑法の克服こそが，個人に自由と平等が保障された新しい時代にとって不可欠であると考えた。そうした理念は，多くの人々に共感をもって受け入れられ，やがて刑法の性質を変容させていくこととなった。そこでは，①責任がなければ刑罰は科されないという原則（責任主義），②思想や人格に刑罰は科さないという原則（行為原理）と並んで，何が犯罪で，どんな刑罰を科すのかをあらかじめ法律に定めることによって，刑法（刑罰）の濫用から人々の自由と権利を守るという原則の重要性が強調された。こうして，近代刑法を支配する大原則である「罪刑法定主義」が誕生したのである。

◈ **どうして法律で決めておくのか？**

　しばしば，「法律なければ，犯罪なし。法律なければ，刑罰なし」という標語で説明される罪刑法定主義であるが，よく見てみると，その中には，2つの異なる理念が含まれていることがわかる。1つ

は，犯罪と刑罰の決定は，民意を反映した議会による法律の制定を通じてなされるべきという民主主義的な理念であり，もう1つは，犯罪と刑罰をあらかじめ人々に明示することで，刑罰権の無原則な行使を防止すべきという自由主義的な理念である。両者は，いずれも近代刑法の基礎となるきわめて重要な理念である。

　こうした理念を具体化するため，罪刑法定主義から，①慣習刑法の禁止の原則（法律主義の原則），②事後法の禁止の原則，③類推解釈の禁止の原則，④刑法の不遡及の原則，⑤絶対的不定期刑の禁止の原則という派生的な諸原則を導き出すことができる。さらに，戦後のわが国では，アメリカ合衆国で発展した実体的デュープロセス論の影響を受け，⑥明確性の原則，⑦内容適正の原則，⑧罪刑均衡の原則という3つの新しい派生的原則も継受された。

2　慣習は「罪」と「罰」の根拠にならない

◇「今までそうしてきたから」はダメ──慣習刑法の禁止

　今日のわが国には，多数の法律が存在している。しかし，それでも，物事のすべてについて，法律が用意されているわけではなく，温泉を源泉から引湯して利用する権利（湯口権）の紛争のように，地域ごとの長年の慣習に基づいて処理されている問題も少なくない。

　しかし，このように慣習により解決を図ることが許されるのは，民事法上の問題に限られ，何を犯罪とし，どのような刑罰を科すのかという刑法上の問題について，その根拠を慣習に求めることは許されない。一般的に明文化されていないため，どうしても曖昧な点が残る慣習に基づき，犯罪の成否を決し，刑罰を科したのでは，結

局は，人々が無原則な処罰の危険にさらされることになるからである。また，議会でのチェックを受けていない慣習は，民意を反映していないため，多数の人々にとって納得がいく内容であるとも限らないとも言えよう。そこで，今日の刑法においては，犯罪と刑罰を法律に定めることが原則とされているのである（法律主義の原則）。

◇ 「後のことは決めておいて」もダメ——白地委任と条例

ところが，法律主義の原則には，例外が存在する。たとえば，わが国では，憲法73条6号ただし書が，「政令には，特にその法律の委任がある場合を除いては，罰則を設けることができない」と定めているが，この規定は，逆に言えば，法律の委任さえあれば，法律ではなく，内閣が制定する政令に罰則を設けることを認めていることになる。つまり，国会が制定した法律に具体的な処罰の範囲を特定したうえで，政令や省令に罰則を委任することが明確に定められている場合には，「特に委任がある場合」に当たり，法律以外に罰則を置くことが認められるのである。これに対して，何を犯罪とするのかも含めた包括的な委任（白地委任）は，法律主義を放棄することを意味し，罪刑法定主義に違反するので許されない。

また，地方公共団体が定める条例についても，地方自治法14条3項が，包括性の強い委任を認めている。判例は，こうした地方自治法による条例への委任についても，なお合憲とし，罪刑法定主義に反しないとの姿勢を一貫してとってきた。確かに，地域の特殊性をふまえて，特別に一定の地域についてのみ罰則を導入する必要性が認められることはありえよう。しかも，条例が，犯罪と刑罰を明文化し，地方議会によって制定されることからすれば，自由主義的な見地からも，民主主義的な見地からも，直ちに罪刑法定主義に反

第 5 講義　刑法の中の民主主義・自由主義

するとは言えないことになる。

3　「罪」と「罰」の不意打ちは許されない

◈**後で犯罪といわれても……――事後法の禁止**

　罪刑法定主義の自由主義的な見地からは，犯罪と刑罰が，法律によって明示されているのは，行為の前でなければならない（事後法の禁止）。いくら犯罪と刑罰が法律に定められても，それを過去に遡って（遡及）適用したのでは，私たちは，どのような行為なら適法なのかという予測ができなくなり，行動の自由を不当に制限されることになるからである。また，遡及処罰を許しては，古い時代の刑法のように，為政者による狙い撃ちを許すことにもなる。憲法39条も，「何人も，実行の時に適法であつた行為」「については，刑事上の責任を問はれない」と規定している。こうした趣旨からすれば，ある犯罪に適用される法定刑が，裁判の時点で，行為の時点よりも引き上げられていたとしても，重くなった法定刑を適用することは許されない。

　このように，事後法の禁止は，行為の後に制定された法律を適用することを禁止している。しかし，事後法の禁止が，行為者が予測できないため，行動の自由が不当に制限される点を根拠にするのであれば，法律だけでなく，判例の遡及的変更 についても，同じことが当てはまるのではないだろうか。ところが，この点について，判例は，一貫して判例の変更は遡及処罰に当たらないとの姿勢をとっている。

　しかし，判例には，その後の裁判に対する一定の拘束力が認めら

れている。したがって，かつて判例が適法とした行為を行った者を
処罰したのでは，行為者は，「この行為は犯罪ではない」という予
測ができなくなってしまう。その意味では，判例にも，事後法の禁
止の原則は及ぶべきであろう。

　ただし，最高裁判所判決の多くは個別具体的な事案についての結
論にとどまり，判例として拘束力が認められる一般的な基準や原則
は，それほど多くないという点にも留意すべきであろう。したがっ
て，判例が下した個別具体的な事案に対する結論を勝手に普遍化し
て，事情が違う自らの行為に当てはめた者が，予想に反して処罰さ
れたとしても，罪刑法定主義には反しない。また，最高裁判所の判
断も，変更されることがあるので，その場合には，それ以前の判例
を信じて行為しても，罪刑法定主義の観点から保護されることはな
い。

◇似てるからって……──類推解釈の禁止

　どのような行為をすると犯罪として罰せられ，どのような行為な
ら罰せられないかという行為者の予測可能性を重視する趣旨から，
刑法を類推解釈することも許されない。類推解釈とは，条文の文言
の意味を超えて，重要な点で共通性が認められるものにまで適用す
る解釈を意味する。ただし，刑法の文言には，抽象的・一般的な語
句も多く，その意味するところについては，解釈の入る余地が認め
られる。そうしたときに，文理解釈を厳格に行うだけでは，十分に
法益の保護が図れないおそれが生じる。そこで，一般的には，立法
趣旨などを勘案し，文理の範囲内で拡張して解釈する拡張解釈は
許されると考えられている。

　このように拡張解釈は許されるが，類推解釈は許されないのであ

55

るが，これら2つの解釈方法の差異は，それほど明確ではない。た
とえば，旧刑法時代に，電気窃盗の事案について，電気は財物に含
まれるかが争われた際，財物とは形があるもの（有体物）を指すと
してこれに否定的な見解が有力であったが，大審院は，財物を「管
理可能なもの」と解することによって，電気も財物に含まれるとい
う判断を下した。これを「物（財物）」という文言の範囲内での拡
張解釈と評価するか，文言の範囲を超えた類推解釈と評価するかは，
意見の分かれるところであろう（現に，この判決には多くの批判が加
えられたし，同時期に，同種の事件を扱ったドイツの最高裁判所は，電
気を財物ではないとして，電気窃盗を有罪とはしなかった）。

このように，拡張解釈と類推解釈の区別の不明確さをふまえ，法
の目的から合理的な類推解釈を許容すべきとの見解も近時では有力
化しつつある。しかし，罪刑法定主義は，行為者の予測可能性を保
障するためにも，なお意義を失ってはいない。やはり，今日におい
ても，法規の予定した範囲を超えた解釈は，許されるべきではなく，
その意味では，類推解釈は，その合理性の有無にかかわらず，認め
られるべきではないのである。

したがって，ここでも重要なのは，拡張解釈と類推解釈を区別す
る基準ということになる。この点については，結局は，①日本語と
して，規定の文言から導くことができる意味の範囲内かどうかとい
った点や②国民が，その規定の文言から予測できる解釈の範囲かど
うかといった点から総合的に判断することになろう。

たとえば，被告人がクロスボウと呼ばれる洋弓銃を使って，カル
ガモを捕獲しようと矢を発射したが，命中しなかったという事案に
つき，弓矢を使用する方法での鳥獣の「捕獲」を禁止した当時の鳥
獣保護及狩猟ニ関スル法律1条の4第3項違反の罪の刑事責任が問

56

われた事案につき，最高裁は，「捕獲しようとしたが，できなかった（未遂）」を「捕獲行為」に当たると解したが，この点に対しては，日本語として規定の文言から導くことができる意味の範囲内かという点からも，国民が，その規定の文言から予測できる解釈の範囲かという点からも，批判が少なくない。

◇**刑罰も決めとかなきゃ！──絶対的不定期刑の禁止**

罪刑法定主義は，何が犯罪なのかという点だけでなく，どのような刑罰を科されるのかという点についても，あらかじめ法律に定めておくことを要求している。したがって，「～した者は，罰する」とだけ規定し，刑罰の種類と量が不明な場合はもちろん，「～した者は，懲役刑に処する」と，刑罰の種類を定めるだけの場合（絶対的不定期刑）も，恣意的な処罰の危険性をはらみ，民意の反映が保障されていないことから，罪刑法定主義に反し，許されない（絶対的不定期刑の禁止）。

ただし，同じ類型の犯罪についても，個別のケースを見ていくと，重い刑が必要なものもあれば，軽い刑で十分なものもある。したがって，法定刑は，「～した者は，10年の懲役刑に処する」といったように確定的に規定されること（絶対的確定刑）まで要求されているわけではなく，「～した者は，3年以上10年以下の懲役に処する」といった相対的不定期刑でも，罪刑法定主義の趣旨には反しないと考えられている。

4　罪刑法定主義は進化する

◎罪刑法定主義の「突然変異」——実体的デュープロセス論

憲法31条は，「何人も，法律の定める手続によらなければ，その生命若しくは自由を奪はれ，又はその他の刑罰を科せられない」と規定し，犯罪捜査→公訴の提起（起訴）→公判という刑事司法の流れが，適正な手続に基づいて行われなければならないことを保障している。こうした保障が，真に刑罰の濫用から国民を守るためには，刑事手続のみならず，実体法の内容的な適正も要求されなければならない。そこで，憲法31条における**デュープロセス（適正手続）**の保障を実体法の内容的な適正にまで及ぼし，内容的な適正を欠く刑罰法規を違憲無効とする理論が，アメリカ合衆国で育まれ，1970年代前後に，わが国でも有力化していった。これが，**実体的デュープロセス論**である。実体的デュープロセス論は，不合理な刑罰法規の濫用を防ぎ，国民に行動の自由を保障することに主眼がおかれていることから，わが国では，同様の趣旨から尊重されてきた罪刑法定主義を実質化させる理論として位置づけられている。

こうした実体的デュープロセス論から導かれる罪刑法定主義の派生原則の具体的な内容としては，①明確性の原則，②内容の適正の原則，③罪刑均衡の原則の3つの原則がある。これらの原則は，いずれも立法者の裁量権を制限するはたらきをすることになる。

◎何が犯罪か，はっきりさせよう——明確性の原則

罪刑法定主義が，どのような行為をすると犯罪として罰せられ，

どのような行為なら罰せられないかという行為者の予測可能性を重視することで，人々の行動の自由を保障しようとしているのであれば，形式的に犯罪と刑罰を法律に定めておけば良いというわけではなく，どのような行為が犯罪なのかが私たちに理解できるように，ある程度，明確でなければならない。さもないと，結局は，刑罰法規の恣意的な運用の余地を生むことになる。このように罪刑法定主義の趣旨をふまえ，その実質化を図る観点から，昭和40年代頃のわが国で，アメリカ合衆国の実体的デュープロセス論の影響を受けて唱えられるようになったのが，明確性の原則 である。

　明確性の原則は，立法府（国会）によって法律に規定されたとしても，その内容が明確でなければ，罪刑法定主義に反するという形で，立法者に向けられた要請であると理解することができよう。こうした要請にこたえられておらず，何が犯罪なのかが明らかでない規定は，憲法31条に違反し，無効になるべきとされる（不明確ゆえに無効の理論）。したがって，ここでは，規定内容が明確かどうかを判断する際の基準が重要になる。この点について，デモ行進において，交通の秩序を維持することを求め，これに違反したデモ行進の主催者らを処罰する旨の公安条例に違反したとして，刑事責任を問われた被告人が，犯罪に該当する行為の明確性を争った徳島県公安条例事件判決において，最高裁は，明確性の原則の意義が，行為者の行動の自由を保障する点に認められることから，通常の判断能力を有する一般人にとって明確かどうかを基準にすべきとした。

◇罪刑法定主義は，中身が大事——内容の適正の原則

　犯罪と刑罰は，法律に，明確に規定されてさえいれば，それで妥当なのだろうか。答えは，否である。ある行為を犯罪と定める根拠

がまったく見当たらない場合に，そのような不合理な犯罪と刑罰の規定をそのまま運用すれば，立法者の権限濫用を許し，人々の自由を過度に制限することにつながりかねない。罪刑法定主義の民主主義的な理念と自由主義的な理念を実質化していけば，犯罪と刑罰の内容が適正であることも求められるべきなのである。こうした認識のもと，実体的デュープロセス論を継受したわが国でも，内容の適正の原則が浸透していった。

こうして，今日のわが国では，罪刑法定主義に基づき，犯罪と刑罰は，法律に規定され，かつ規定内容が明確であるだけでなく，その内容が適正であることも要求されるのである。したがって，内容的に処罰の必要性や合理性が認められない罰則法規は，処罰を適正な範囲に限定しない限り，許されない。たとえば，当時16歳の少女と性的な関係を持った被告人が，福岡県青少年保護育成条例10条1項が定める淫行の罪の刑事責任に問われた福岡県青少年保護育成条例事件においても，最高裁は，「淫行」概念を限定解釈することによって合憲性を肯定した（合憲限定解釈）。

◈刑罰も，中身が大切——罪刑の均衡

立法者の権限濫用を防ぐという趣旨からは，犯罪の内容だけでなく，刑罰の内容についても，適正さが要求されよう（罪刑の均衡）。さもなくば，法律に，軽微な犯罪に厳罰を科す旨の明確な規定を置きさえすれば，そうした刑罰が有効ということになるからである。猿払事件判決において，最高裁も，罪刑の均衡を欠く規定は違憲となるとした。

5 罪刑法定主義は，今

　今日のわが国において，罪刑法定主義の理念は広く支持されており，これを否定する者はいない。しかし，最近では，あらゆる刑罰法規において，何が犯罪なのかを明確にしたり，枠付けたりすることは現実的でないと，「明確性の原則」や「内容の適正の原則」の限界を指摘し，行為時に処罰範囲の不明確さや不合理さの残る罰則法規でも，裁判時に，一定の解釈を加えることで処罰範囲を明確にしたり，合理化することができるのであれば，罪刑法定主義の観点からも問題ないと説く見解が有力化している。こうした主張は，私たちの行動の自由を保障するという役割を行為規範としての刑法にではなく，裁判規範としての刑法に委ねるものであり，刑事司法の安定した運用への信頼を前提にした主張と解することができる。

　確かに，すべての罰則規定において，何が犯罪なのかが，あらゆる者に理解できるように規定されているわけではない。その意味では，近時有力化している見解にも，一定の説得力がある。しかし，やはり，何が犯罪なのかをあらかじめ明示することによって，人々の行動の自由を保障するという刑法の行為規範としての役割は，軽視すべきでない。今，刑事司法を信頼できるからといって，将来も信頼できるとは限らない。罪刑法定主義は，そうした「まさかの時」に備えて，なお維持しておく意義が認められるべきである。また，文言に一定の解釈を加えて処罰範囲の明確化や合理化を導くことは，行為時にも要求されるのであって，そうした行為者の解釈によっても，処罰範囲を確定できない場合こそが，罪刑法定主義の観

点から問題になるのである。ただし，このように裁判規範としての刑法の役割を重視する立場も，行為規範性を完全に否定するわけではない。その意味では，こうした対立は，結局，行為規範としての役割と裁判規範としての役割のいずれに力点をおくのかという程度の差に過ぎないと評価することも可能かもしれない。

第2部　刑法総論の考え方

Bridgebook

第6講義
「刑罰」確定までには多くのハードルがある

刑法総論の意味

1 犯罪の"カタログ"には尽きない刑法学

◇野菜とキャベツ

　近くのスーパーに出かけてみよう。野菜，鮮魚，精肉といった看板が壁に掲げられていて，初めての店でも，何とか買い物をすませることができる。これが，その日，品物が納入された順に店の奥から並べられていたりしたら，カレーの具材を買いそろえるだけでも結構たいへんな仕事になるだろう。スーパーにも体系があるのであり，そのおかげで，お客さんは効率的に買い物ができるのである。

　また，野菜という言葉がなかったらどうなるだろうか。店では，「野菜」と書かれている看板の代わりに，キャベツ，人参，ピーマンといったたくさんの名がびっしり書かれた特大の看板をかけることになり，かなり邪魔になるし，欲しい品を探すのもかなり大変になるだろう。「野菜」という言葉を使うことで，1つ1つの野菜をいちいち挙げなくても済むし，新しい野菜の取扱いを始めるときに看板に書き加える必要もなくなるのである。

　さらに，カレーの材料でも，ご飯は炭水化物，肉はタンパク質，

野菜はビタミン類というように，主な栄養素に対応している。このように，体系的な整理をするときにも，そこでまとめられたものが同じような性格のものになるようにすれば便利だろう。

刑法総論の体系 も，これと似たような役割を持っている。手っ取り早く買い物をすませ，栄養バランスのとれたおいしいカレーを作りたいという動機と，刑法総論の体系をきちんと作り上げたいという動機は，まったく同じなのである。

◇原則と例外

大学の先生にも厳しい方がいて，講義を欠席したり遅刻したりすると，しっかり記録され，点数を引かれてしまう。欠席は3点，遅刻は1点，20分以上の遅刻は欠席とみなす，これがこの先生の決めた ルール である。しかし，身内に不幸があったり，電車が人身事故で大幅に遅れたりしたとき，このルールが原則通り適用されたら，誰だって怒るだろう。こうした場合に例外が必要となる。どんなルールでも，例外なく妥当するわけではない。そんなルールはおそらく浮気の禁止くらいだろう。

人殺ししてはいけない，人を閉じこめてはいけない，死体をバラバラにしてはいけない，といった例外などないように思われるルールにでも，例外はある。死刑や懲役刑の執行，医学部での解剖実習といった場合がそうである。

刑法総論では，まず，構成要件論で，原則をしっかり示し，違法性論と責任論で，例外を考えていくことになるが，その関係はどういうものでなければならないだろうか。バーゲンセールだというので喜んで出かけたら，ほとんどの品について「これはセール除外品」ですと言われたら，「これってバーゲンなの？」と思うだろう。

刑法でも同じであり，ルールだというからには，例外的な特別の事情（急に襲撃を受けたとか重い精神障害を患っているとかいった事情）がない以上，そのまま処罰される場合を示すものでなければならない。刑法学者の中には，ルールに反しただけでは，よいか悪いかは fifty‑fifty でどちらか分からないとする体系を立てるべきだという人も少しだけいる。しかし，それでは悪くないことまで禁止されてしまうことになるから，ルールの作り方として変だと思われる。

2 十人十色の犯罪論体系
——一様ではない犯罪

◇行為者の目と裁判官の目

宝くじは，もしかすると3億円が当たるかもしれないから買うのであり，抽選が終わって外れだと確定した券は，ただの紙くずである。ピストルで人を撃つ場合でも，後からみれば，弾が入っていなかったり，ターゲットが防弾チョッキを着ていたりして，殺せないことが判明する場合でも，まさに撃とうとしているときには，ヒットマン自身も目撃者もターゲットの命が危険に晒されていることを疑わないだろう。

犯罪論 は，①行為者を含めた一般の国民に対して，何をやってよいか悪いかを示すことに重点を置くのか，②裁判官の立場に立って，すべての事情を考慮して，みんなの利害を調整することに重点を置くのかによって，大きく違ってくることになる。

①の立場からは，危険か危険でないか，やってよいか悪いか，といったことは，行為をしようとするときを基準に考えることになる。だから，後から分かったことは考慮されないので，死体を解剖した

結果，特異体質が判明しても，そのことはカウントせずに考えていくことになる。これに対して，②の立場からは，裁判のときまでに明らかになった事情も考慮されるから，そうした特異体質があったものとして危険性を考えることになる。

このことは，未遂犯と不能犯の区別，正当防衛における防衛行為の相当性などの議論で1つ1つ説明されるが，①の立場は，因果関係の相当性，防衛行為の相当性については，行為者にとって酷な結論を避けること，他方で，未遂犯と不能犯の区別については，妥当な処罰範囲を確保することに重点を置いている。他方，②の立場は，どの議論についても，それぞれの判断をできるだけ科学的なものにしようとするものであり，また，防衛行為の相当性などについては，行為よりも結果の悪さを重視しようとするものである。

◇ **面食いと犯罪論体系**

一般に，人を顔や外見で判断することは，よくないことだとされる。美女をほめる男性は「面食い」などと強い批判を浴び，多くの女性を敵に回すとまで言われることもある。重視されるべきなのは性格や物の考え方だというのである。これに対し，刑法の教科書では，まず客観的なものから判断し，主観的なものは後から判断するほうが妥当な判断にいたるのだと書かれている。いったいどちらが正しいのだろう。なお，客観と主観という言葉ほど，いろいろな意味で使われるものはないが，この講義では，客観とは目に見える事柄，主観とは頭の中にある事柄といった程度の意味で使っていこう。

では，人を殺すとき，実際にはどんな経過をたどるだろうか。殺意を抱く→計画を立てて凶器を準備する→実際に刺し殺す，といったように，まずは主観があってそれが徐々に客観的なものになって

いくであろう。そうだとすれば，時間の流れに沿って出来事を確認していくような体系でもいいのではないだろうか。ところが，主観的な事柄は犯人の頭の中にあることだから，他人からは見えにくく，判断しにくい。お互いが時間をかけて話しあい，相手方の内面まで理解しあえる（はずの）恋愛の局面などとは，そこが違うのである。そこで，犯罪の問題に関しては，まずは客観的な事柄から固めていって，それとの関わりで主観的な事柄を判断してはどうか，ということになるのである。刑法総論の教科書で，客観的な事柄が先にあって，主観的な事柄が後から出てくるのは，そのためである。客観的な事柄のほうが裁判官が判断しやすいし，判断としてもより安定したものになり，望ましいからである。

　それなら，犯罪論の最初のほうの段階は客観的なものだけにして，最後のほうの段階で主観的なものを扱えばよさそうである。刑法学者の中には，本当にそう考えて，1段階目と2段階目（違法に関わる）は客観的なものだけで考え，3段階目（責任に関わる）で主観的なものを扱おうとする人も少しだけいる。「違法は客観，責任は主観」というキャッチフレーズは，この人たちを表すものである。

　ところが，物事はそう単純ではない。たとえば，「AがBの背中にピストルを突きつけている」とき，これは危険で違法なのだろうか。また，Cが「1万円札に似たものをカラープリンターで印刷した」とき，これは違法なのだろうか。答えは，これだけでは決まらないだろう。AがBを殺そうとしている，引き金を引こうとしている，あるいは，Cがその偽札を使おうとしているという主観的な事情が加わってはじめて，危険だ，違法だという判断ができるのである。多くの刑法学者のあいだでは，ここまでのことについては，あまり争いはない。問題はその先である。

犯罪には，"わざと"と"うっかり"の2種類があり，"わざと"やった場合には"うっかり"やった場合より重く処罰されるが，これは違法性の重さが違うのだろうか，責任の重さが違うのだろうか。また，暴力団の抗争で，先手攻撃を仕掛け，相手方組員のいるほうを銃で乱射したら，相手方の偵察部隊がこちらの攻撃に気づき，銃の引き金を引こうとしているところだったという場合，これはただの殺人なのだろうか，それとも，正当防衛なのだろうか。ここまでくると，客観的に起きている事態は同じなのに，主観的な事情だけで，違法かどうかが分かれるのはおかしいのではないかとする考え方と，違法かどうかは，やはり主観的な事情も含めないと判断できないとする考え方が分かれてくることになるのである。

◇ トリコロールとモノクローム

フランス映画「トリコロール」は，「青の愛」「白の愛」「赤の愛」の3部作で，話題を集めた。また，名古屋のひつまぶしは，「そのまま」「薬味を加え」「お茶漬けで」と3つの味わい方を楽しめるのが魅力となっている。犯罪論は，**構成要件論，違法論，責任論** の3段階構成で考えるのが一般的であるが，こうした3つの味わいがあるのだろうか。

犯罪論体系の中には，モノクロームなものもある。ある（昔の）刑法学者によれば，刑法は国民的道義の維持を目的とし，そのために反道義的行為で放置できないものを犯罪とするものだから，構成要件は「反道義的行為の社会的類型であり，法律的定型である」。行為の違法性とは「行為の反道義性」であり，「国民生活における道義的文化の意味に反する行為が即ち違法な行為である」。責任とは「道義的責任」であり，「反道義的な行為につき，その行為者に

対する道義的非難に基づいて責任を負わせること」である。要するに，この刑法学者によれば，反道義的かどうかという１つのことを，３段階をかけて判断することになるのである。近頃では，刑罰をなぜ科すのかの答えとして，一般予防を考える立場から，３段階とも一般予防の観点から判断するという体系も登場している。

　しかし，１つの味しかないなら，３回に分けて食べる必然性はあまりないだろう。そこで，１段階ごとに，味付けを変えていこうとする考え方が多くなっている。

　まず，**構成要件**は，罪刑法定主義と関係するものとされている。違法（＝許されない悪いこと）で有責（＝非難されること）な行為は多いが，その中で法律で規定された枠に当てはまるものしか処罰されることはない。そこでまず，そうした枠に当てはまるかどうかを最初にチェックしようというのである。

　次に，**違法性**は，刑法でもって何が保護されているのか，逆から言えば，何を害することが禁じられているのかに関係するものとされている。ここでは，大きく分けて，生命・身体・財産といった法益が保護されており，それを侵害したり危険に晒したりすることが禁じられているのだとする考え方と，確かにそうした部分もあるが，究極的には，社会的な秩序，法が揺るぎなく妥当していることへの信頼が保護されており，それを侵害したり危険に晒したりすることが禁じられているのだとする考え方が対立している。

　最後に，**責任**は，刑法で禁じられている行為をした行為者に，刑罰という効果を結びつけるための要件であり，そうした行為に出たことについて行為者を非難できるかの問題だとされている。

　このように，犯罪論の３つの段階は，それぞれに違う役割があるのであり，それぞれの段階ごとに違った味を十分に味わう必要があ

るのである。

3　何のための犯罪論か
――自由の保障と犯罪論

◎西洋医学と東洋医学

西洋医学が，分析的にパーツパーツで診ていくのに対し，東洋医学は，総合的に生命体全体を捉えるものだと言われる。医学も専門分化が激しく，内科でも専門の臓器でなければよく分からない医者もいると言われる。そうなってくると，東洋医学のように人の体をトータルで診てくれるほうにも魅力が感じられよう。

では，犯罪論も人間の行為を捉えるものなのだから，東洋医学的に総合的にその全体像を捉えてはどうだろうか。実は，こうした考え方は，ナチス時代のドイツで採用されていた。そこでは，犯罪を全体的に直観的に捉え，健全な民族感情に反するものかどうかによって，処罰されるべきかどうかが決められていたのである。

しかし，そうした判断がなされた場合，それが妥当なものなのかどうかを検証することは難しいから，結果的には，判断者である裁判官の下した結論をそのまま受け入れるしかなくなってしまうだろう。また，全体的に捉えると言えば聞こえはよいが，１つ１つの事情についての判断の積み重ねがあって，それを総合するのでないときには，それは手抜きに近いことになる。バイロイトに登場したある指揮者は，やはり１音１音にこだわってこそ，シンフォニーが完成するのだと語っている。

そうだとすれば，人間ドックのように，血液や尿の検査をし，胸部X腺写真撮影や胃カメラ撮影を行い，血圧や脳波を調べ，これら

データと問診や触診などの結果を総合して判断するほうが，妥当な結論を得られるのではないだろうか。犯罪論も，人間の行為を様々なパーツに分け，それを評価する段階も，構成要件論・違法性論・責任論の３つを設け，たいへん丁寧な検査を行うものである。

　それと同時に，人間ドックでは，１つのデータが異常値を示していても，他の所見いかんによっては「特に心配ありません」とか「このまま経過を見ましょう」といった結論になることがある。犯罪論でも同じで，１つの判断で救えない場合に他の判断で救うことがある。たとえば，襲われたと誤信し，実際に襲われていたとしたらやってもよいくらいの反撃をした場合には，正当防衛にはならず，違法性は否定されないことになる。しかし，そのままただの人殺しとして処罰されるわけではなく，多くの犯罪論体系によれば，故意が否定されて，せいぜい"うっかり"犯としての処罰にとどめられることになる。

　このように，犯罪論は，臓器ごとに１つ１つ詳しい検査をして慎重にデータをとり，それぞれに異常がないかを綿密にチェックすると同時に，それぞれのデータを総合して全体として適切であるような判断を下せる，優れた人間ドックのようなものでなければならないのである。

◇**同じものは同じように**

　犯罪論体系を作るのは何のためなのだろうか。この講義の最初で，スーパーの例を挙げたが，そこでの商品の体系は，同じ性質のものを同じ場所に並べることにより，お客さんの品探しを容易にするためにある。犯罪論の体系も，同じ性質のものを同じ場所に整理することにより，お互いに矛盾のない解決を導くことができるよう

3 何のための犯罪論か

にしている。同じものが同じように判断されないのは最大の不正義であるから、このことは非常に大切なことだと考えられる。

それには、およそ2つの局面がある。1つは、犯罪ごとに体系が異なってはいけないということである。たとえば、**構成要件と違法性の関係** について、多くの犯罪については構成要件は実質的に違法性を持った行為の類型だと主張しながら、窃盗罪については、そうした関係が認められないような解釈をとる学者がいるが、それは妥当でない。犯罪論の体系は、すべての犯罪に共通のものでなければならない。もっとも、殺人や窃盗のような中心的な領域にある犯罪と、特別刑法に規定されているような周辺的な領域にある犯罪とでは、法律に定められた枠に当てはまる事実を認識すれば、それが悪いことだと分かる可能性が違ってくる、といったことはあるだろう。では、こうしたことを考慮して、それぞれの場合に応じて判断枠組みを分けていくのがよいのだろうか、それとも、判断枠組みはやはり同じにしておいて、結論が違ってもやむをえないと考えるのがよいのだろうか。多くの刑法学者は、やはり、犯罪論の体系や、それを構成する判断枠組みは、すべての犯罪に共通のものでなければならないと考えている。

もう1つは、1つの犯罪の中でのことである。たとえば、未遂犯や共犯は構成要件を修正して処罰範囲を広げたものである。そうだとすれば、違法論や責任論は未遂犯用や共犯用のものはなく、単独犯の既遂犯のものがそのまま使われることになる。また、法益を損ねたり危険に晒したりすることが違法性の中身だと考えるのであれば、処罰される場合には必ずそれが認められなければならない。そうだとすると、すでに死んでいるが生きているように見える死体に日本刀でとどめをさす行為には危険性は認められず、殺人未遂には

73

ならないことになるのではないだろうか。

最後に挙げたような問題の解決にエネルギーを費やすのはくだらない，場合によって解決策を使い分けていけばいいじゃないか，そうしたほうが悪いやつを漏れなく処罰できていいはずだ，と考える人もいるかもしれない。こういう人は，ほぼ例外なく刑法学になじめずにいる（はずである）。しかし，1つ1つの問題について場当たり的な解決をしていくと，それぞれの解決策が相互に矛盾しているということが起きかねない。体系的思考をすること，犯罪論体系を築くことは，刑法学者が自己満足のためにやっているのではなく，具体的な解決が正義の要請にかなったものにするためなのである。

確かに，法律学は，どうしてもどこかで線引きをする作業になるから，不都合な場合が出てくることはある。しかし，刑罰という制裁の峻厳さを考えれば，都合の悪い結論を避けるために場当たり的な解決をすることのデメリットのほうが大きいのである。

犯罪論の体系は，1つ1つ厳選された素材を用い，匠の技で作り上げられた，寸分の狂いもないものでなければならず，それを適用する裁判官は，決して客におもねったりしない京の老舗でなければならない。それは，やはり，犯罪論体系に沿って検討した結果として得られる効果が刑罰という厳しいものだからであり，それを科してよいかどうかの判断が，そのときの世論などに影響されるなどして根拠の不確かなものになってはいけないからである。

◇何がいけないことか予め分かるように

焼き肉食べ放題コースがある。「ロース，カルビ，タン，野菜が食べ放題」（A）となっていて，かなりお値打ちである。ところが肉を平らげてしまって追加注文しようとしたところで，店員に「皿

を空にして頂かないと」（B）と言われたら，皿に忘れていたトウ
モロコシが焼き上がるまで追加注文ができなくなり，たいへん痛手
になる。ここでは，原則を定めるルール（A）だけがメニューに書
かれていて，例外のルール（B）が店員の後出しの説明で初めて分
かるものなので，注文し，1皿目を食べているときには，そのコー
スのルールの全体像は分かっていないことになる。

何が原則としていけないことかを決めているのは構成要件であり，
構成要件の枠がどのようなものかを確定するのは，刑法各論の重要
な任務である。しかし，例外を定めるルールも，何がいけないこと
か，何が非難されることか，ひいては，何が処罰されるのかを決め
ることに大きく関係している。刑法総論では，**原則のルール**（A）
の骨組み（行為・結果・因果関係など）を考えるだけではなく，**例外
のルール**（B）の中身を考えることにより，処罰される範囲があら
かじめ分かるようにしておくのである。

そうだとすれば，「法秩序全体の精神に照らし相当なものとして
社会通念上是認されるものであるか」といったような基準で違法か
どうかを判断することは望ましいのだろうか。もう少し具体的な状
況に応じてプラスマイナスを見極めて，ぎりぎりの詰めを行ってい
くべきなのではないのだろうか。そう考えると，違法性を考えるに
際しても，秤を持ち出して，左の皿には損なわれた法益を，右の皿
には得られた利益をそれぞれ乗せ，右の皿が下がるかバランスがと
れるかした場合に違法性がないと考えたりするほうが明確な判断が
できて，ひいては，国民の自由も守られることになるのではないだ
ろうか。

しかし，他方で，ルールを守って行われたボクシングで選手が再
起不能の重傷を負っても，相手の選手は処罰されない。それはなぜ

なのだろうか。人の生命や身体を上回るような利益などそう簡単には考えられないし，重大な傷害に対する同意は無効だと考えられているから，処罰されないことの説明は，もっと別のところにあるのだろう。やはり，最後の最後では，「社会的に相当だから」という説明も必要なのではないだろうか。

犯罪論が，何がいけないことかあらかじめ分かるようにするものだとすれば，2でみた考え方のうちでは，行為の時点を基準にして，違法かどうかが判断できるものにしていくほうがよいであろう。たとえば，正当防衛における防衛行為の相当性について，最高裁は，「侵害に対する防衛手段として相当性を有する以上，その反撃行為により生じた結果がたまたま侵害されようとした法益より大であっても，その反撃行為が正当防衛行為でなくなるものではない」と判断しているのは，こうした考え方からすれば妥当ではないだろうか。

Bridgebook

第7講義
まずは「型」よりはじめよ

構成要件該当性

1 犯罪成立の第1審査
―― 構成要件該当性

◇**犯罪の第1ステージ**

　朝の食卓にテレビのニュースが流れる。「昨夜10時頃東京都渋谷区××で，通行中に肩がぶつかったことに腹を立てたAが，護身用に携帯していた刃渡り15センチのナイフでBの左胸を刺し逃走しました。Bは病院に搬送されましたが，今朝出血多量のため死亡しました……」。「あ～，また殺人かぁ」とつぶやく。実はこのとき頭の中では，Aの起こした事件がたくさんの犯罪のイメージと照らし合わされて，そのうちの殺人のイメージに一致することを確認して，「殺人かぁ」との結論にいたっている。

　そう，私たちが，ある物事に意味を与えて認識して取り出すためには，その物事がある「型＝イメージ」に合うか合わないかを検討することがどうしても必要である。たとえば，ある木製の工作物を机であると認識するためには，その物体が机の型に当てはまることを確認することが必要なのと同じである。私たちは型を知らないものに意味づけを与えて認識することはできない。

これは犯罪を認識する場合も同じである。このような犯罪の認識に必要な型＝イメージが構成要件であって，また1つ1つの具体的な事件がある犯罪の型に当てはまる場合に「**構成要件該当性** がある」といわれる。そして，この構成要件に当てはまるという評価を受けた後で，この具体的な事件がそのまま **構成要件該当事実** と呼ばれることになる。この構成要件該当事実について，それが正当防衛で行われたから許されるとか（違法性の審査），精神障害に基づく妄想によるものだったから非難できない（責任の審査）といったような個別的・具体的な第2審査や第3審査を行うことになる。そして，第3の最終審査が終わると刑罰を加えるべき犯罪行為とされる。

このような意味において，犯罪とは構成要件に該当し違法で有責な行為なのである。また，ここでは第1審査をクリアしない限り，第2審査・第3審査にいかないということが重要である。つまり，ある事実が何らかの構成要件に該当しないかぎり，その事実は具体的な犯罪評価の土俵に乗ってこない。構成要件に該当し̇な̇い̇行為は，刑法的な意味ではやってよい行為なのである。構成要件の持つ人権保障機能・自由保障機能とは，ある行為は構成要件に該当しなければ処罰されないし，どのような行為をすれば処罰されるか，やってよい行為と悪い行為があらかじめ示されていてわかるということである。

◇型（構成要件）って何？

型（構成要件）は各条文の文言から解釈によって導かれるものであり，**条文** と **構成要件** はイコールではない。しかしながら，条文がなければ構成要件も存在しない。刑法典は，円滑な社会生活を営む上で有害な行為のうちで特に刑罰を加えてでも阻止しなければな

らないもののみを犯罪行為として規定しているのであるから，——刑法がすべての有害な行為を処罰はしていないことを「**刑法の断片性**」という——，その意味では，構成要件は処罰すべき（当罰的な）行為像（犯罪行為類型）であるといえる。

　そして，犯罪の型である構成要件は，その犯罪にあたるすべての具体的なケースを判断できるものでなければならない。だから，たとえば，すべての殺人事件に共通して含まれる要素が合体したものが殺人の型である。それは個々のケースから個別事情という贅肉をそぎ落としたものであるから，——たとえば，人を殺したことといった——きわめてシンプルで抽象的な行為像が型だということになる。この型には犯罪行為を特徴づけるものはすべて含まれていなければならないので，誰が何をしたか，あるいは誰が何をしてどうなったかが含まれていなければならない。犯罪主体と行為，あるいは犯罪主体，行為，結果，そしてその行為によって結果が発生したという関係（因果関係）が含まれることになる。条文によっては，消火妨害罪（114条）の「火災の際に」のように犯罪の行われる状況がこの型に含まれていることもある。また，殺人や傷害致死や過失致死は犯罪であっても無過失致死は犯罪でないし，殺人と傷害致死と過失致死は違う犯罪として区別されていることから明らかなように——この犯罪を区別する機能を **犯罪個別化機能** という——，この型には故意の有無（故意か過失か）も故意の内容（たとえば殺人の故意か傷害の故意か）に含まれている。

　ところで，たとえば殺人や傷害を行うのに何も資格がいらないように，通常は犯罪は誰にでも犯すことができる。しかし，犯罪の中には一定の資格・条件を有する人だけにできる犯罪や一定の資格・条件を有する人が行った場合に刑が重くなる犯罪がある。このよう

に犯罪主体に制限のついている犯罪を **身分犯** といい，特に前者を真正身分犯，後者を不真正身分犯という。収賄罪や偽証罪などが前者に，業務上横領罪などが後者にあたる。この犯罪主体の問題には，たとえばある食品会社が営利目的で消費期限切れの食品の消費期限ラベルを貼り替えて販売したために消費者に健康被害が出た場合に，その会社それ自体を健康被害をもたらした犯人と考えることができるかという問題も含まれる。これは，法人も犯罪主体に含めて理解できるかという問題である。そして，この問題が後述の法人の刑事責任の問題へとつながることになる（第 **19** 講義参照）。

2 構成要件該当性の大きな柱
——結果と行為・行為者を結ぶ線としての因果関係

◈因果関係が問題となる犯罪とならない犯罪

たとえば住居侵入罪では，許可なく住居に立ち入るという行為が行われれば犯罪が完成する。これに対し，殺人罪は殺人行為が行われそれによって被害者の死という結果が発生してはじめて犯罪が完成する。それは，住居侵入罪では，住居侵入行為がそのまま立ち入りの許諾権ないし住居の平穏という法益侵害を引き起こすのに対し，殺人罪では，殺人行為によってその被害者が死亡してはじめて生命という法益侵害が発生するからである。

犯罪には，住居侵入罪のように行為それ自体が法益侵害である場合と，殺人罪のように行為の客体に一定の結果が生じてはじめて法益侵害を認めることができるものとがある。正確にいうと，たとえばXがYをナイフで刺し，その結果Yが出血多量死したという場合のように，Yの死という具体的事実が法的には生命侵害という法益

2 構成要件該当性の大きな柱

侵害を意味するということである。通常は結果発生＝法益侵害であるから，犯人の行為によって法益侵害が発生するという表現が使用されるのである。犯人が一定の行為を行えば犯罪が完成するものを行為犯（挙動犯），行為によって一定の結果が発生することが必要なものを結果犯という。ついでにいえば，結果の発生によって法益侵害が生じることを予定するものを侵害犯といい，法益侵害の危険性が生じることを予定するものを危険犯という（たとえば，火を放って，対象である住居や建造物が焼損するという結果が発生することで，不特定多数の人々の生命や身体や財産に危険が生じることを予定している108条，109条の放火罪がこのような危険犯である）。

因果関係は結果犯でのみ問題となる。たとえば，XがYをナイフで刺しても，そのことによってYが死ななければ殺人は完成せずXはまだ殺人者ではない。Yが死んではじめて殺人者なのである。さらにXがYをナイフで刺したが，道路上に倒れていたYを通行人が発見して救急車で病院に搬送し，治療を受けたYは一命をとりとめ快方に向かったが，退院前に病院で火災が起き焼死してしまった場合に，確かにXがYをナイフで刺し，Yが死亡したが，この場合に誰もXがYを殺したとは言わないであろう。Xが殺人者になるのは，Xの行為のせいでYが死亡した場合である。この「～のせいで」というために必要な「その者の行為が結果発生の原因となっている」という関係が因果関係である。この因果関係は，たとえば殺人罪の条文でいえば「人を殺した」という言葉の中に含まれている。XのYに対する犯罪事実が199条から導かれる構成要件に該当するためには，因果関係がなければならないのである。

◇因果関係の機能

実際には犯罪は結果が発生してから発覚することが多い。Yが腹部を刺されて公園で死亡しているのが発見された。そこで，犯人を捜すための捜査が始まることになる。その捜査の結果Xが犯人として逮捕されたという場合に，Xが犯人と特定されるのはその行為を原因としてYが死亡したからである。だから，結果と因果関係をもつ行為をした者が犯人なのである。このことは，Yの死に関連して複数の人間が行動していた場合も同じで，因果関係の有無で複数人のうち誰を犯人とするかが決められることになるのである。

◇因果関係の確かめ方

行為と結果に因果関係があるといえるのはどんな場合だろうか？私たちが，普通，Yが死んだのはXのせいだ，XがYを殺したという場合，Xがその行為をしなければYが死ななかったという判断を当然の前提にしている。このように「Aがなければなし」という関係は，その行為がその具体的な結果の一因であるという形で行為と結果との事実的なつながりを示す。また，その行為を中止していれば結果が発生しなかったという場合にだけ，その行為をしてはならなかったんだとして処罰し禁止することができるのであるから，その意味でも「AがなければBなし」という関係は重要である。

◇条件関係の確かめ方

ところで，このAなければBなしという関係は，結果に対して複数の条件が存在する場合にはどの条件にも等しく当てはまる。だから，たとえば，Yの飲むジュースに致死量の2分の1混入した者と致死量の4分の1入れた者も8分の1を入れた2人の者も，みんな

等しく Y を殺したことになる。この考え方の問題点は、それだけで結果をその行為のせいにすると、行為時にその行為自体から結果の発生が予想のつかない行為までも処罰されてしまう点にある。

たとえば、A が自動車運転中に交通事故を起こして通行人 B を死亡させたときに、A に自動車を販売したディーラー C も給油したスタンドのアルバイト学生 D も通行人 B の死に条件を与えている。C や D の行為がなければこの交通事故がなかったからである。もちろん、C が A に自動車を売っていなくとも違うディーラーが売っていたかもしれないし、D が給油していなくても他のスタンドで給油したかもしれないから同一内容の交通事故は起きたかもしれない。しかし、それはあくまでも同一内容の交通事故であって実際に発生したこの交通事故とは異なるものである。

ここでの 条件関係 判断は、今すでに起きて評価の対象となっている具体的事件で、ある具体的行為が結果の一条件となっていたかということである。そして、ここでの問題は、結果の一条件になっていたからといって、そのことで直ちに結果が発生したのはその行為をしたからだといっていいのかということである。B が死亡したのは C のせいだ、あるいは D のせいだといっていいのだろうか。刑法上の因果関係をこのように条件関係があれば認める 条件説 は、このことを認める考え方である。そして、この条件説は最終的な処罰の合理性をその行為をするときに故意や過失があったかという責任の問題で調整しようとする。

◇**相当因果関係説から危険実現説へ**

これに対して、行為と結果との間に条件関係がなければ刑法上の因果関係がないことは認めた上で、条件関係がある場合にさらに合

理的な範囲に処罰範囲を限定するため因果関係の判断に一定の基準で絞りをかける立場が学説において支持されている。そして，かつては，その行為からその結果が発生することが一般人の立場から予想できる，その行為のせいで結果が発生したといっても常識的に見ておかしくないと考えられるという基準を使用して絞りをかける相当因果関係説 が通説であった。それは，常識的に見て偶然とは言えない結果についてだけ，その行為を行った者のせいだとして刑罰を加えて応報をすることが合理的と言えるからであるし，その行為を行うと一定の結果が発生することが予測できた行為のみを処罰することによって国民の行動の自由を不当に制限せずに刑法が目的としている一定の利益の保護が実際に期待できるからでもある。

　刑法は，法益保護を目的として，行為のときに「人を殺すな」とか「人を傷害するな」といった行為の指示を与えるルール（行為規範）として働くが，この行為規範は，行為時に法益侵害結果を発生させることが予測される行為のみを禁止しており，行為規範に違反する行為から予想どおりの結果が発生した場合にのみ処罰をしようとしているのである。

　実際に条件関係がある事実のうち相当因果関係の有無が問題となる事例群には，２種類のものがある。その１つは，たとえばＸがＹの頭部を素手で軽く殴ったところＹが脳動脈硬化症であったために脳内出血を起こし死亡してしまった場合のように，行為のときに普通にはわからない特殊事情が被害者側に存在していてそのために結果が発生した場合である。もう１つは，たとえばＸが路上でＹの腹部をナイフで刺して逃走した後で，通行人が血を流し倒れているＹを発見して救急車を呼んで病院に搬送したが，救急車が途中で交通事故を起こしたためにその事故で頭蓋骨骨折死した場合のように，

行為の後にある特殊な事情が介入して，それが原因となって結果が発生したような場合である。

第1の事例群では，素手で頭部を軽く殴る行為から脳内出血死することが普通かどうかの判断において，Yがたまたま脳動脈硬化症であったことを考慮に入れるかどうかが問題となる。そのことを考慮に入れるか否かで結論に差がでるからである。学説は，行為時に存在した事情は裁判時までに判明した限りすべてを考慮にいれるという考え方（客観説）と一般人が行為時に認識できたと思われる事情と一般人には認識できなかったとしても行為者が特に知っていた事情は考慮にいれるという考え方（折衷説）とに分かれている。上の事例は，客観説からは因果関係があったことになるし，折衷説からは―― 一般人にはわからないので――XがYの脳動脈硬化症を知っていたのでないかぎり因果関係はないことになる。

第2の事例群では，Xの傷害行為の後にそのような事態の流れでYが頭蓋骨骨折死することが偶然でないかが問題とされることになる。そして，その解答は，結局救急車の交通事故という特殊な事情が行為の後に生じることが普通予想できるかどうかによって決まることになる。もちろん，普通は予想できないから因果関係はないということになろう。

最近，特にこの第2の事例群について，相当因果関係説のように特殊な事情の介入が予想できないということだけで，因果関係の有無を決定するのはおかしいという批判の声が強くなってきた。介入した事情が予想できない場合であっても，たとえば被害者の死の主な原因は最初の行為にあり，介入した事情によって死亡時刻が少し早まっただけの場合には，最初の行為に死との因果関係を認めるべきであるし（介入した事情の結果発生への寄与度が低い場合――大阪南

港事件参照），介入した事情によって結果が発生し，しかもその事情が普通予想のつかない事情であったとしても，その事情が最初の行為によって引き起こされた場合には，やはり最初の行為と結果とのあいだに因果関係を認めるべきである（介在事情を誘発した場合──高速道路進入事件参照）というのである。判例も，このような事例では，介在事情を因果関係の判断の際に除外せずに，介在事情の結果発生への寄与度やそれが最初の行為によって誘発されたかどうかを考慮して，最初の行為の危険が結果へと実現したといえるかどうかで，因果関係の判断をしており，学説も支持している（危険実現説）。

3 構成要件に該当する行為の1つの形
──不作為犯

◇〜する犯罪と〜しない犯罪──作為犯と不作為犯

私たちが犯罪をイメージする場合には，通常は，殺人であるにせよ窃盗であるにせよ，犯罪者がナイフで刺すとか背広の内ポケットから財布をとるというように，「〜する犯罪」を想定する。また刑法の条文をみても，77条から264条のほとんどが「〜した者は」と「〜する犯罪」を規定している。考えてみれば，犯罪とは法益侵害を引き起こすものだから，法益を侵害する行為＝〜する行為が各条文で予定されるのは当たり前なのである。しかし，少数であるが「〜しないこと」を犯罪行為として予定する条文も存在する。たとえば「要求を受けたにもかかわらず……退去しなかった」こと（不退去罪，130条後段）や「その生存に必要な保護をしなかった」こと（不保護罪，218条後段）などである。この少数の「〜しない犯罪」

を 不作為犯 と呼び，その他の大部分の「〜する犯罪」を 作為犯 と
呼ぶ。

◇〜しないとは何もしないことではない——不作為概念

作為犯は作為によって実現される犯罪であり，不作為犯は不作為
によって実現される犯罪である。作為 とは，ピストルを撃つ，ナイ
フで刺すといった動作をいう。ところが，不作為 は不・作為である
から，作為＝動作⇒不・作為＝不・動作＝静止と考えると間違い
である。不退去罪を例にとれば，退去せずにゲームをしていても，
寝ていても，スクワットをしていても，退去しないことに変わりは
ないのである。したがって，不作為と評価される場合には，動作の
場合も身体の静止の場合も含まれるのである。不作為の中心は一定
の動作をしないことにあって，そのときに実際に何をしているのか
はどうでもよいのである。

◇不作為犯の条文は個性的 !!

少数の不作為犯の条文をみると，「要求を受けて退去しない者」，
「要求を受けて解散しない者」，「保護すべき責任のある者」というよ
ように，犯罪主体が一定の作為をすべき者に制限されている。その
意味では，不作為犯は 身分犯 である。このように犯罪主体が制限さ
れる理由には2つのものがある。

その1は，不退去罪や不解散罪のように特定の者のみが処罰の対
象である不作為をしうる点である。ある者が部屋にいることが不退
去という意味を持つのは，その者が退去を求められた者だからであ
り，その要求を受けていない者に不退去はない。不解散も同じであ
る。その2は，刑罰を科す人の範囲を合理的な範囲に限定しようと

いう意味をもっているということである。たとえば脱水症状を起こし衰弱している幼児に水分を与えることは，その場で水を与えることのできる者全員に期待され，その可能性がある者全員について，水分を与えないことを生存に必要な保護をしない不作為と評価できるが，刑罰を科してまでそのような作為を強制できるのは刑法的な意味でそのような作為をすべき義務のある者（保護責任者）のみに限定しようという立場に立っているのである。

　このような作為義務による処罰範囲の限定はなぜ必要なのだろうか。この点は，刑法の行為規範の側面から考えると明らかになる。たとえば作為犯の場合には，刑法は，人を殺すとか傷害するなというように一定の行為をすることを禁止する行為規範として機能する。この作為犯の場合，行為規範違反をせず処罰を免れるためには，行為者は，人を殺す行為あるいは傷害行為さえしなければよい。これに対し，不作為犯の場合には，刑法は，行為規範として，退去せよとか解散せよとか生存に必要な保護をせよといったように一定の行為をすることを命令する。そして，不作為犯の場合には，その命令された一定の行為をしない限り，行為者は処罰を免れないのである。不作為犯は，作為犯と比べると，(1)一定の行為をやめることと比べると一定の行為をすることの方が負担が大きいという点，(2)一定の行為さえしなければ何をしてもよいのと比べると一定の行為をしなければならないのは行動の自由の阻害が大きいという点で，国民の行動の自由・行為選択の自由をより強く制約する。それゆえ，不作為犯の場合には，行動の自由・行為選択の自由を阻害してよいだけの合理的な理由のある者のみを処罰の対象にしようとして，そのために作為義務を処罰の要件としているのである。

3 構成要件に該当する行為の1つの形

◇〜しないのに〜する犯罪，〜しないで〜する犯罪？——不真正不作為犯って？

　たとえば199条の実行行為は人を殺すことであり，一定の作為が当然に予想される。しかし，子どもが公園の池に落ちておぼれかけているのに，その親が死んでもかまわないと考えて救助せずに溺死させてしまった場合に，その親を子どもを殺したとして処罰することは強引すぎるだろうか。法益を十分に保護するためには，法益を侵害する行為のみを処罰するだけでなく，この場合のように例外的にわざと法益を保護しなかった行為をも処罰する必要がないだろうか。このように救助しないで人を死なせた場合を殺人罪として処罰する場合を **不真正不作為犯** という。少し硬い表現方法を使えば，条文の文言上作為が想定される犯罪を不作為で実現する場合を不真正不作為犯というのである。これに対して，条文の文言上不作為が規定されている犯罪を不作為で実現する場合を **真正不作為犯** という。不真正不作為犯は結果犯，特に殺人罪と放火罪で，不作為による殺人ないし不作為による放火も処罰できるかという形で問題となる。

◇不真正不作為犯は何が問題か？

　条文に処罰の場合の要件が規定してあり，しかも一定の行為をしないことそれ自体を処罰の対象としているために構成要件が明確である真正不作為犯とは異なり，たとえば殺人罪を例にとれば，「人を殺した」と規定してあるのみであるから，どのような場合に「〜しないこと」が人を殺したことになるのか不明確である。ピストルで人を射殺した場合には直ちに人を殺したといってよいであろうが，子どもが池でおぼれているのを助けず放置したためにその子どもが溺死したときに，だからといって直ちに救助しなかったことをすべ

89

第7講義　まずは「型」よりはじめよ

て殺人したといってよいかは疑問の余地があろう。

　たとえば子どもAが池でおぼれているときに，池の周りに泳ぎの上手なB，C，Dの3人がいて，誰も子どもを救助せず，そのためにAが死亡したときに，誰が助けていてもAは溺死しなかったといえる以上，B，C，Dの救助をしないという不作為はAの死と因果関係を持っているといえる。――ここでは，救助をしていればほぼ確実に助かったといえる程度であれば因果関係を認めてもよいであろう。――しかし，だからといって全員を殺人者といいきるには戸惑いがあろう。作為犯である殺人行為と同一の条文で不作為犯たる殺人も処罰する以上，両者が殺人罪の構成要件に該当するという意味で同一の内容を持たなければならないのである。救助しなかったことが殺したことと同じでなければならない。だから，問題の中心は，どんな条件があれば同じといってよいか，同じように処罰してよいかという点にある。

◇不真正不作為犯の処罰の条件

　まず，作為犯としての殺人では殺人行為をする者に刑法が「人を殺すな」というのと同様に，不作為による殺人の場合に，「救助しないで人を殺すな＝人の死を引き起こさないように救助しろ」といえる者であることが必要であろう。なぜなら，法的な意味で救助しなければならない者が救助しないために死亡した場合にのみ，その者のせいで死んだといってもよいからである。このように**作為をすべき義務**（**作為義務**）がある者，その意味で，被害者の法益の維持を法的に保証する立場にある者（**保証〔障〕人的地位**にある者）の不作為のみがたとえば殺人罪の構成要件に該当することになるのである。

90

しかし，実は問題はさらにこの先にある。それは，誰が保証人的地位にある者といえるかということである。この点について，親の民法上の親権に基づく監護義務（法令），ベビーシッター契約のような契約上の義務（契約），事務管理に基づく義務（事務管理），自分の行為によって危険を発生させたときの条理上の義務（条理・慣習）のように形式的な法的義務が認められるかどうかで決定するという考え方がかつては有力であった。しかし，たとえば契約上の義務違反は契約上の責任を基礎づけるとしても，そのことによって直ちに刑罰を基礎づけるものではないとか，親であればなぜ救助することを刑罰で強制されてよいのか，その実質的な理由がむしろ重要ではないのかとして，もっと実質的に考えようとする立場が有力になっている。そして，救助することの事実上の引き受けがあったことを重視する立場や救助を必要としている者に対しての自己の支配領域性の設定を重視する立場や自ら危険を発生させたことを重視する立場やその他さまざまな立場が主張されている。それは，結局，たとえばXがYをナイフで刺し殺すという通常の殺人罪（作為犯）では，Yの生命が侵害されるかされないかはもっぱらXの行為にかかっているが，不作為による殺人の場合も被害者の生死がその者が作為にでるかでないかに依存しているといえるためにはどんな条件が必要なのかを追求しようとしているのである。

Bridgebook

第8講義
"わざと"と"うっかり"

故意・過失

1 "わざと"
—— 故意

◇犯罪の主役

　飲み会の後，誰か別の人のジャケットを着て帰っても，それが"わざと"でなければ犯罪にはならない。自由や財産は，生命や身体ほど重要ではないので，"うっかり"犯からは保護されていないからである。また，誰かにぶつかってけがをさせた場合でも，"わざと"体当たりしたのか，駅の中を急いでいて"うっかり"ぶつかったのかによって，罪の重さはずいぶん違う。"わざと"であれば傷害罪で，最高15年の懲役になる（204条）が，"うっかり"であれば過失傷害罪で，最高でも30万円の罰金にしかならないのである（209条：ただし"ひどいうっかり"の場合は別である（211条後段））。

　このように，"わざと"の場合にしか処罰されない罪も多くあるし，"わざと"の場合だけでなく"うっかり"の場合もあわせて処罰される場合でも，"わざと"の場合は"うっかり"の場合に比べて非常に重く処罰されている。そして，刑法38条1項でも，"わざと"の場合が犯罪の主役だとされている。

1 "わざと"

◇脱法ドラッグを買うとどうなる？

　人気アトラクションを目がけて走っていたとき，ミッキーマウス
を突き飛ばして転倒させ，中に入っていた人を怪我させたとしよう。
"わざと"やったと言えるためには，まず第1に，犯罪となるよう
な行為を定めた枠（構成要件）に当てはまるようなことを分かって
やったのでなければならない。大人は，ぬいぐるみには，そこの従
業員が入っていることを知っているので，傷害罪を"わざと"犯し
たことになるのである。これに対し，大道芸人が大阪の食い倒れ人
形のまねをして通りに立っていたところ，酔っぱらいのおじさんが，
ストレス解消に「人形」だと思って道頓堀に投げ込んだ場合，この
おじさんには，それが「人」であることを分かっていないので，芸
人さんが怪我をしても，"わざと"やったことではないことになる
のである。

　これは，枠に当てはまる事実はあって，そのことを分かっている
かが問題となる場合であるが，では，怪しげなサイトで「覚せい剤
と同じ効果の得られる合法ドラッグ」を購入したX君は，どうなる
のだろうか。覚せい剤取締法では，「覚せい剤」として，別表に呪
文のような薬品名が並んでいるが，そこに掲げられていなければ，
同じ効果が得られる白い粉でも，覚せい剤ではなく，それを持って
いても「覚せい剤所持罪」の枠には当てはまらないのである。そこ
で，売人が間違えて，本物の覚せい剤を売ってしまったとしても，
X君としては，あくまで覚せい剤ではない「合法」ドラッグだと思
っている以上，犯罪となるような行為を定めた枠（構成要件）に当
てはまるようなことを分かってやったのではないことになる。覚せ
い剤所持罪の場合には"うっかり"犯は処罰されないから，X君は

93

覚せい剤取締法では処罰されないことになる。

これはなぜなのだろうか。おそらく，それは，第5講義で出てきた，**罪刑法定主義** と関係あるのだろう。罪刑法定主義があって，刑法で定めた枠にあてはまる行為しか処罰されないのなら，"わざと"やる意思も，その枠に収まるものでないといけないのである。

そして，"わざと"やったと言えるためには，さらに，その事実の意味を理解していないといけない。**意味の認識** は，規範的構成要件要素について問題となることが多いが，理論上は，全ての罪について必要となるものである。覚せい剤であれば「ダイエット食品」だと思っていてはだめなのであり，健康を害し，社会にも有害な薬物だということを理解していないといけない。

2 "うっかり"
—— 過失

◇誰でも犯罪者に？

犯罪者というと，極悪非道・冷血残酷な人間，歪んだ欲望を抑えきれない人間など，「ふつうの人」とは違うんだ，と思われるかもしれない。しかし，寝坊して遅刻しそうになり，駅まで自転車をとばし，歩道でおばあさんにぶつかって怪我をさせれば，この「ふつうの人」もやはり犯罪者になる。人を"わざと"殺すことは，よほどの理由とエネルギーがなければ難しいが，"うっかり"のほうはそうではないのである。

また，たとえば，**医療ミス** が問題となる場合には，刑事の問題としては，直接ミスをしたお医者さんの"うっかり"にスポットライトが当てられるが，その背景には，勤務医の不足によるお医者さん

の激務・疲労，経験不十分な医師の指導・教育体制の不備など，構造的な問題が横たわっていることも多い。そうした問題を解決し再発防止を図ることと，直接ミスをした人に刑事責任を問うことの優先順位をどのようにするべきなのかは，ホットな議論になっている。

◇いやな予感？

賞味期限切れの牛乳を飲むかどうか，これは1つの決断である。いつもとちょっとにおいが違って何かいやな予感がするけど，もったいないからと飲んでしまって，後でおなかの具合が悪くなり，後悔した経験はないだろうか。

この場合には，賞味期限の表示といつもと違うにおいから，あとでおなかをこわすという結果が予想できている。こうした場合には，「やっぱり捨てよう」という判断をして，そうした結果を避けることが可能になる。

刑法でも同じことで，"うっかり"（過失）犯が認められるためには，結果が予想できたのでなければならない（これは予見可能性の要件と呼ばれる）。予想もできないことは避けようもない。それなのに結果が発生したから処罰されるというのでは，その人にとっては不運でしかなく，正義に反するのである。

しかし，これまで誰も想像すらしなかったような事故が起きたとき，そうした要件を立てたのでは，誰も刑事責任を負わないことになるのではないだろうか。この問題は，かつて，ヒ素ミルク事件において争われた。これは，赤ちゃん用粉ミルクの製造に使う「安定剤」として「工業用」第2リン酸ソーダを注文したところ，同じく「洗缶用」に使えるヒ素入りの薬剤が納入され，それを用いて製造された粉ミルクを飲んだ赤ちゃんが多数死傷した事件であるが，

（差戻し後の）徳島地裁は，「この場合の予見可能性は具体的な因果過程を見とおすことの可能性である必要はなく，何事かは特定できないが，ある種の危険が絶無であるとして無視するわけにはいかないという程度の危惧感であれば足りる」という考え方から，製造課長に有罪判決を下している。

確かに，この場合には，工業用第2リン酸ソーダを使わなければ事件は起きないのだから，そのきっかけとしては「いやな予感」でよいという考え方もあるだろう。しかし，「どんなことがどんな形で起きるのか」が分からなければ，対策を立てるのは難しくなり，「いやな予感のすることは全部やめる」という選択肢しかなくなってしまい，行動の自由にかかる制約はかなり大きくなってしまうだろう。

これまで，多くの見解は，「どんなことがどんな形で起きるのか」が具体的に予想できたのでなければだめだと考えてきたが，これに対しては，リアルに予想できたときとアバウトにしか予想できなかったときとでは，結果を避ける義務を変えていけばいいのではないかという考え方も登場している。

3　犯罪のポマト

◇ "わざと" と "うっかり" のコラボ？

犯罪は "わざと"（= 故意犯）と "うっかり"（= 過失犯）の2つに大きく分けられるが，その2つに入らないものがある。TVドラマで，殴り合いのけんかをして相手を死なせてしまった人が，「確かに痛めつけてやるつもりでした。でも殺すつもりはなかったんで

3　犯罪のポマト

す。」と言い訳しているシーンはよく目にするが，こうした場合に
は，傷害致死罪になるが，殴ったのは"わざと"だけれども，死な
せたのは"うっかり"だということになる。このように，基本とな
る犯罪（ここでは暴行）を"わざと"やって"うっかりと"重い結
果（ここでは死亡）をもたらした場合を，結果的加重犯 と呼んでいる。
これは基本となる犯罪に，相手方を死なせたり怪我させたりする危
険性が含まれているため，その危険が現実のものとなったときに，
より重い刑罰を科そうとするものである。

◇ "うっかり"犯からの格上げ？

　最初に見たように，"うっかり"やった場合は"わざと"やった
場合より，処罰は非常に軽くなる。ところが，酔っぱらい運転の車
に愛するわが子をひき殺された親の立場になってみると，運転者が
"うっかり"犯でしか処罰されないのは，どうにも納得がいかない
ことになる。車は走る凶器とも言われ，1つ間違えば人を死なせる
危険のある乗り物である。それなのに，酔っぱらってちゃんとした
運転ができないのを分かっていながら，そんな危険な乗り物を動か
したのだから，"うっかり"ではないのであり，"わざと"犯として
もっと重く処罰するべきだというのである。

　そこで2001（平成13）年の刑法改正で危険運転致死傷罪 が新設さ
れることになったのである。これは，お酒に酔っぱらってちゃんと
した運転ができない状態での運転が，暴行罪の暴行に近い危険なも
のだから，そうした運転の結果，人を死なせたり怪我させたりした
ということで，先ほどみた傷害致死罪と同じように，"わざと"そ
うした危険な運転をして，結果的に人を死なせたり怪我させたりし
たという犯罪（結果的加重犯）の形をとっており，そのことにより，

97

法定刑を引き上げることに成功したのである。

4 そんなはずでは……

◇誰この人？／手元が狂って……

　敵対する暴力団員Aの宿泊するホテルの部屋番号を間違えて，無関係の人Bを襲撃したという例が報道されることがある。人の世に間違いはつきものであり，刑法の世界でも，間違いが起こったときの取扱いは，さまざまな難しい問題を投げかけている。先ほどのような間違いは，刑法学では「客体の錯誤」と呼ばれていて，結論的には"わざと"やったものとして処罰されることについて，まったく異論は唱えられていない。

　では，敵対する暴力団員Aの宿泊するホテルの向かいにあるビルの屋上からスコープを使ってねらいを定め銃を発射したところ，手元が狂って隣の部屋の宿泊客Bを死なせてしまった場合はどうなるのだろうか。こうした間違いは，刑法学では「方法の錯誤」と呼ばれている。この場合，犯人としては，Bを殺すことは想定外なのだから，B殺しについては"うっかり"犯だと考えるのが素直ではないのだろうか。これが具体的符合説という見解のとる結論である。これに対し，AもBも「人」であることには違いはないし，人を殺すつもりで人を殺しているのだから，人殺しを"わざと"やったと考えるべきではないかという考え方もあり，これは法定的符合説と呼ばれている。

　確かに，Bにも当たりかねない状況があるのに，"わざと"銃を撃っているのだから，単なる"うっかり"犯だという結論に違和感

をもつ人もいるかもしれない。そういう人は法定的符合説を応援するだろう。しかし，A殺しとB殺しは，刑法の評価としてまったく別の事柄だから，とにかく殺意があったというだけではだめで，やっぱり「外れ」なのではないかと考える人は，具体的符合説を応援することになるだろう。

◇唐の国からようこそ

　先ほどのヒットマンの間違いは，同じ構成要件（殺人罪）どうしでのものであったが，間違いが別々の構成要件にまたがって起きる場合もある。薬物に興味があったが，いきなりハードなものはどうかと思い，「大麻」を注文したところ，送られてきたのは「覚せい剤」であったが，知らないまま植木鉢の底に隠していたX君は，どうなるのだろうか。大麻所持は，大麻取締法24条の2により5年以下の懲役であるが，覚せい剤所持は，覚せい剤取締法41条の2により10年以下の懲役だから，X君は，軽い犯罪になることをやるつもりで重い罪になることをやってしまったことになる。こうした場合の取扱いは，刑法38条2項に定められている。この規定は，唐の律に由来する歴史あるもので，1995（平成7）年改正前は，「罪本重カルヘクシテ……」と，古色蒼然としたものであったが，現在ではリニューアルされている。これによれば，X君が，少なくとも覚せい剤所持罪で処罰されないことだけははっきりしている。

　しかし，そもそも，X君の頭の中では，あくまで大麻を所持しているつもりであるが，実際には，植木鉢の底にあるのは覚せい剤なのだから，そこには食い違いがある。こうした場合，やはり，X君には，覚せい剤を所持するというつもりはないのだから，犯罪は成立しないと考えることも可能であろう。これに対し，この場合には，

99

第8講義 "わざと" と "うっかり"

大麻か覚せい剤かの違いはあっても，健康を害し，社会にも有害な薬物だという限りで共通したものがあり，そうした食い違いだけで犯罪が成立しなくなるというのは，おかしいという考え方もあるだろう。

多くの見解は，後の考え方をとっていて，犯罪となるような行為を定めた枠（構成要件）どうしが，それが守ろうとしている法益などの点で共通したものなのであれば，軽いほうの"わざと"犯を成立させてよいのではないかと考えている。これによれば，X君には「大麻」所持罪の成立が認められることになる。この場合には，X君の「大麻を所持するという意思」が，健康を害し，社会にも有害な薬物を所持するという限りで，「覚せい剤の所持」として実現しており，その限りで"わざと"やったと評価されるのである。

Bridgebook

第9講義
人を殺しても,「正しい」場合がある

違法性阻却事由

1 刑法的に「悪い」こと

◇悪いかどうかを改めてチェックする

第7講義でみたように,構成要件に該当する行為は,原則として,犯罪となる。それは,構成要件が,刑法的に悪くて(違法で),責められるべき(有責な)行為を共通の性質や特徴を持つものどうしでまとめて,1つの型にくくったものだからである。だから,人の身体を故意に傷つければ,その方法にかかわらず,原則的には,傷害罪の構成要件に該当し,傷害罪の成立が推定される。

ところが,現実の世の中には,人を傷つけたとしても(傷害罪の構成要件に該当したとしても),「悪い」とは言えず,傷害罪を成立させるべきでない場合がある。たとえば,相手が襲ってきたので,自分の身を守るために,反撃をしたところ,相手を負傷させてしまったケース(正当防衛)やボクシングの試合中に,パンチで相手を負傷させたケースである。これらのケースでは,それぞれの行為は,傷害罪の構成要件には該当するが,「悪い」とは評価できないので,傷害罪の成立は否定されるのである。

101

第9講義　人を殺しても，「正しい」場合がある

　このように，構成要件に該当するにもかかわらず，例外的に，「悪くない」（刑法上，違法でない）と評価されるため，犯罪の成立が否定される理由を **違法性阻却事由** と呼ぶ。現行刑法は，違法性阻却事由として，①正当行為（35条），②正当防衛（36条1項），③緊急避難（37条1項）の3種類を規定している。本講義では，これらの違法性阻却事由について，順番に見ていくことにしたい。

◈ 「悪い」の意味

　個々の違法性阻却事由を順番に見ていく前に，1つ確認しておきたいことがある。それは，そもそも刑法でいう「悪い」（＝違法）とは，どのような意味なのかという点である。「そんなのは，法律に違反することに決まっている」という答えもあるだろう。しかし，その答えでは，法律が，なぜ，ある行為を禁じているのかは分からない。ここで大事なのは，さらに一歩踏み込んで，刑法が，何を基準にやって良いことと悪いことを区別しているのかである。

　今日，刑法上，「悪い」（＝違法）かどうかをどのような基準から導くのかという点については，大別して，2つの考え方が存在する。1つが，結果に着目する考え方で，もう1つが，プロセス（行為）に着目する考え方である。ちょうど，私たちが，人を評価する際に，しばしば「最終的に，どんな成果を残したのか」という結果と「それまでにどれだけ頑張ったのか」というプロセスの2つの異なるポイントを考慮するのと似ている。

◈ 結果が悪い！

　このうち，結果に着目する考え方は，殺人罪における人の生命や窃盗罪における人の財産のように，刑法が刑罰をもってしてでも守

102

ろうとしている利益（保護法益）を害することを「悪い」（＝違法）と評価すべきであると説くもので，結果無価値論 と呼ばれる。こうした結果無価値論の考え方は，とりわけ立法の際に，刑法上の「悪い」行為を道徳上の「悪い」行為や権力者にとって都合が「悪い」行為から切り離すために有益である。つまり，刑罰の濫用を防ぎ，同性愛のように，一定の倫理観に反するからとか，権力者の悪口を言ったからといった理由で，刑罰を科すことを許さないためには，誰が見ても，明確で合理的な基準が必要となる。そこで，法益の保護を一次的な目的とする現行刑法は，その侵害の有無という客観的な基準によって，悪い行為と悪くない行為を分けているのである（「同性愛や権力者の悪口は，誰の利益も害しておらず，むしろ，そうした行為を行う自由が認められているはずであるから，犯罪にはならない」と考えるのである）。

　もちろん，法益の侵害をもって，刑法上の「悪い」（＝違法）とするという基準は，構成要件に該当した行為が，本当に違法かを判断する際にも用いられる。輸血のための採血は，故意に針で人を傷つけて，出血させているのであるから，傷害罪の構成要件に該当するが，本人が採血されることを了承している以上，刑法が，傷害罪の保護法益である「人の身体」を保護する必要がないので，保護すべき法益が存在しないという状態が生じ，その結果，違法でないということになるのである（「被害者の同意」→後述 4 参照）。

◇ **プロセスが悪い！**

　これに対して，プロセスに着目する考え方は，刑法が，一定の行為を禁止したり，一定の行為を命じたりしているのに，これらの禁止や命令に違反することを「悪い」（＝違法）と評価すべきである

と説くもので，行為無価値論 と呼ばれる。こうした行為無価値論の考え方は，行為者の内心（主観的事情）も考慮することによって，同じ法益を侵害する行為でも，「悪い」（＝違法）という評価が異なることを認める点に特徴がある。つまり，殺人と過失致死では，同じ，「人の生命」という法益を侵害したものであっても，「悪い」という評価の度合い（＝違法性の大きさ）が異なると考えるのである（当然，殺人のほうが，より「悪い」ことになる）。

　また，行為無価値は，刑法上の「悪い」という評価の対象を人の行為に限定するという役割も果たす。たとえば，落雷や土砂崩れなどの自然災害や野生動物の襲撃によっても，「人の生命」という法益が奪われることはありえるが，人の行為でないこれらの現象は，刑法が定める禁止や命令に違反して行われたわけではなく，これを刑法上「悪い」（＝違法）と評価することはできないのである。したがって，襲ってきた野生動物が，天然記念物など，法律上，保護されているものであった場合，これに対する反撃は「悪に対する正義の反撃」を本質とする正当防衛として位置づけることはできないということになる（対物防衛→後述 2 参照）。

◇ 「悪い」かどうかの具体的なチェック

　構成要件に該当した行為でも，例外的に，悪くないことがあるということは，結局，その行為に，普通はあると推定されている結果の悪さ（結果無価値）やプロセスの悪さ（行為無価値）が否定されるということを意味している。では，なぜ構成要件に該当しているのに，結果やプロセスが悪くないと評価される行為が存在するのか。その答えは，構成要件に該当する行為の個別的な事情が，一般人から見て，社会的に妥当（相当）と評価される内容であること（社会

104

的相当性）に求められる。つまり，構成要件該当性の判断は，形式的・類型的に行われるため，その中には，襲ってきた暴漢に対する反撃やボクシングも含まれてしまう。しかし，これらの行為は，今日の社会では，妥当と評価されている。このため，社会的相当性の認められる行為が犯罪とされることを回避する必要がある。そこで，構成要件該当性を判断した後に，なぜ人を傷つけたのかという個別的な事情を実質的に検討し，社会的相当性が認められる場合には，犯罪の成立を否定しているのである。現行刑法は，このように社会的相当性が認められるケースを整理して，①正当行為，②正当防衛，③緊急避難の３種類の違法性阻却事由に分類している。

2　正しい加害者と悪い被害者？

◇「正当防衛」って何？

夜道を歩いていると，突然，誰かが襲ってきたので，身の危険を感じて反撃したところ，相手が怪我をしたといった場合，反撃行為は，傷害罪の構成要件に該当するが，これが違法と評価されるべきでないことは当然と言えよう。もちろん，警察に助けを求めることができれば，それに越したことはない。しかし，それでは間に合わないような場合に，自らの実力行使によって解決することを認めなければ，いわれのない襲撃を受けた側に，不利益を甘受するように強いることになる。こうした不都合をなくし，「正は不正に譲歩する必要がない」ことを明確にするため，刑法 36 条は，「急迫不正の侵害に対して，自己又は他人の権利を防衛するため，やむを得ずにした行為」を「正当防衛」とし，その違法性を阻却すると定めている。

正当防衛 は，①急迫不正の侵害に対するものであること，②自己または他人の権利を防衛するためのものであること，③やむを得ずにしたものであることの3つの要件を充足した場合に成立する。

◇急迫不正の侵害

正当防衛の成立は，警察などの公的機関による救済を期待できない場合にのみ認められるため，「**急迫性**」が要件とされている。「急迫」とは，客観的に見て，不正な法益侵害が，現に行われているか，間近に差し迫っていることを言う。したがって，すでに終了した過去の法益侵害や今後予測される将来の法益侵害に対する正当防衛は認められない。ただし，万が一の時のことを考えて，就寝の際に枕元にバットをおいておいたところ，押し込み強盗が侵入してきたので，バットで撃退したといった場合のように，将来の法益侵害に備えて準備していたというケースでも，強盗の侵入時には，急迫性が認められるので，正当防衛が成立する。これに対して，単に予期していただけでなく，その機会を利用して積極的に相手に加害行為をする意思（積極的加害意思）で侵害に臨んだときは，もはや防衛行為の範疇を超えていることから，急迫性は認められず（または，後述する「防衛の意思」が認められないとも考えられる），正当防衛は成立しない。さらに，緊急状況下で公的機関による保護を求めることが期待できないときに，例外的に私人による対抗措置を許容するという正当防衛の趣旨をふまえれば，防衛行為者に積極的加害意思が存在する場合だけでなく，容易に避けられる危険な状況にわざわざ飛び込んでいき，反撃行為を行う場合やケンカの場合にも，急迫性が認められない，あるいは，もはや「正 vs. 不正」ではなく，「不正 vs. 不正」の関係であるという理由で，正当防衛は成立しない。

2 正しい加害者と悪い被害者？

　また，正当防衛は，「正 vs. 不正」のあいだで認められるもので
あるから，相手の法益侵害行為が，不正であることが要求される
（「正 vs. 正」の場合は，緊急避難が問題となる）。「不正」とは，違法
を意味する。したがって，相手方に結果の悪さ（法益侵害）とプロ
セスの悪さ（禁止・命令違反）が認められなければ，正当防衛は成
立しない。このため自然災害や動物に対する正当防衛（対物防衛）
はあり得ないことになる。たとえば，動物が襲ってきたため，これ
に反撃を加えて傷つけた場合，法益侵害は認められるが，動物は法
律上の禁止・命令の対象ではなく，したがって，その違反も存在し
ない（行為無価値がない）ので，その襲撃は，不正ではなく，これ
に対する反撃も，正当防衛とは認められないのである。ただし，動
物に対する加害行為が，犯罪を構成するのは，その動物が誰かに飼
われている場合（261条）と天然記念物などのように特別な法律で
保護されている場合に限られる。このうち飼い主がいる場合，動物
による襲撃は，飼い主に禁止・命令の違反を認めることができるの
で，実際に，対物防衛が問題になるのは，山中で，天然記念物に出
くわして襲われたといったレア・ケースに限られる。

◇自己または他人の権利の防衛のため

　正当防衛は，自己の権利を守るためだけでなく，他人の権利を守
るために行われても成立する。ここでいう「権利」とは，法益を意
味する。正当防衛は，「正 vs. 不正」のあいだで認められるもので
あることから，防衛行為は，侵害者に対して加えられなければなら
ない。このため，殴られている兄を助けるために，兄を殴る相手に
向けて運転していた自動車を猛スピードでバックさせたところ，誤
って兄を轢いてしまった場合には，その行為が，侵害者に対して加

107

えられていないため，正当防衛は成立しない。

　また，防衛行為は，「防衛のため」に行われなければならないので，「防衛のためにやっている」という防衛の意思がなければ，正当防衛は成立しない。こうした意思が存在することで，禁止・命令に違反するという認識が打ち消され（プロセスの「悪さ」＝行為無価値が否定され），防衛行為を正当化することが認められるのである。たとえば，AがBをねらって石を投げ，負傷させたところ，偶然BもAをねらって石を投げようとしていたという場合，客観的には，正当防衛状況にあるが，Aには，「防衛のためにやっている」という認識はないので，正当防衛は成立しない（偶然防衛）。

◇ やむを得ずにした行為

　正当防衛は，「正 vs. 不正」の関係のもとで行われるが，正が不正に譲歩する必要はなく，「逃げられるのであれば，逃げるべき」とは考えられていない。しかし，不正に対してであれば，何をしても許されるというわけでもない。豆腐1丁を盗もうとした泥棒を撲殺するのは行き過ぎであり，過剰防衛が成立し（36条2項），刑が減軽される可能性が認められるにとどまる。

　そこで，正当防衛の成立が認められるためには，①防衛行為が，侵害行為に比べて，極度に危険度の高い態様で行われていないこと（行為の相当性）と②防衛行為による法益侵害が，侵害行為による法益侵害をいちじるしく上回っていないこと（結果の相当性）が要求される。ただし，正当防衛の要件を厳格に設定しすぎて，相当性を「他にとるべき手段がなかったこと」と解したのでは，刑法が正当防衛を規定し，その違法性阻却を認めた意義が失われてしまう。したがって，たとえば，酔っぱらいの男性に絡まれた女性が，指を相

手の左目に当てる暴行を加え，眼球裂傷の傷害を負わせたケースや駅のホームで，酔っぱらいの男性に絡まれ，コートの襟を捕まれた女性が，相手の体を突いたところ，相手がホームから転落し，進入してきた列車に挟まれて死亡したケースは，防衛行為による法益侵害が侵害行為による法益侵害に比べてかなり大きいようにも見えるが，それでも行為および結果の相当性が認められうる。

3　正しい加害者と正しい被害者？

◇「緊急避難」が正しいわけ

正当防衛は，「正 vs. 不正」の関係の中で生じる問題であったが，「正 vs. 正」の関係の中で生じる問題は，どのように考えればよいだろう。たとえば，自動車のドライバーが，車線を越えて向かってきた対向車を避けるために，ハンドルを切り，歩道を歩いていた歩行者に衝突し，負傷させてしまったようなケースである。正当防衛の侵害者と違い，歩行者には，何の落ち度もない。しかし，かといって，他に逃げ場のなかったドライバーに対して，歩行者を巻き込むことは許されないので，対向車をよけてはならなかった（ドライバーが命をなくすか，大怪我をすれば良かった）というのもおかしい。そうしたケースの中にも，社会的に妥当（社会的相当）であり，「悪い」とはいえないと評価されるべきものが存在するからである。そこで，刑法37条1項は，正当防衛よりも厳しい要件の下で，差し迫った危険を回避するため，何ら悪くない他人の法益を侵害する行為を緊急避難とし，その違法性を阻却すると定めている。

緊急避難は，①現在の危難に対するものであること，②危難を

109

第9講義　人を殺しても,「正しい」場合がある

避けるためのものであること，③やむを得ずにしたものであること，
④生じた害が，避けようとした害の程度を超えなかったことの4つ
の要件が備わっていた場合に成立する。

◇現在の危難

正当防衛と同様，緊急避難も，警察などの公的機関による救済を
期待できない場合にのみ認められるため，客観的に見て，法益侵害
が，現に行われているか，間近に差し迫っていることが成立要件と
なっている（現在の危難）。正当防衛における「急迫」と同じ意味と
理解して構わない。

刑法37条1項は，危難の対象となる法益として，「自己又は他
人の生命，身体，自由又は財産」を明示している。しかし，これ以
外の法益への侵害が迫っている場合に，避難行為が認められない合
理的な理由はなく，あらゆる法益の侵害に対して緊急避難を行うこ
とが認められる。正当防衛の場合と異なり，これらの法益に対する
侵害は，「不正」なものであることを要しない。したがって，自然
災害や動物による場合も含まれる。

◇危難を避けるため

緊急避難の成立が認められるためには，他人の法益の侵害が，危
難を避けるために行われたことを要する。ここから，正当防衛と同
様に，「避難のためにやっている」という避難の意思がなければ，
緊急避難は認められない。したがって，客観的に，危難を避ける効
果をもつ行為を行った結果，他人の法益を侵害したとしても，避難
の意思がなければ，その行為を緊急避難として違法性を阻却するこ
とはできない。

3 正しい加害者と正しい被害者？

◇やむを得ずにした行為

　正当防衛と同様，緊急避難も，「やむを得ずにした行為」である
ときに限って，その成立が認められる。しかし，「正 vs. 正」の関
係の中で認められるものであることから，その内容は，正当防衛の
場合に比べて厳格に理解されている。具体的には，危難を避け，法
益を守るため，他にとることができる手段がなかったことが要求さ
れる（補充性の原則）。正である被害者の法益を侵害しておいて，
「他にも手段はあった」というのでは，到底その行為を「悪くない」
とは言えないからである。たとえば，急病人を病院に運ぶため，自
動車を無免許運転した場合，タクシーや救急車を呼べたのであれば，
補充性が否定されることになる。

◇法益の権衡

　無関係で，「正しい」被害者を犠牲にしてまで，自らの法益への
侵害を避けることが社会的に相当で，「悪くない」という評価を受
けるためには，客観的に見て，避難行為をやって良かったと言える
だけの結果を残す必要がある。ここから，緊急避難の成立には，避
難行為によって生じた法益侵害が，避けようとした法益侵害と比べ
て，同等か，あるいは小さいことが必要とされている（法益の権衡
の原則）。したがって，600円相当の猟犬を守るため，150円相当の
雑種犬を撲殺した場合のように，同一の法益でより価値が高いほう
への侵害を避けたときや，強制的な妊娠中絶を逃れるため，日本に
密入国した場合のように，異なる法益のうち，より価値が高い法益
への侵害を避けたときにだけ，緊急避難は成立する。避難行為によ
って生じた法益侵害のほうが，避けようとした法益侵害に比べて大

111

きい場合には，**過剰避難**（37条1項ただし書）が成立し，情状によって，刑を減軽・免除する可能性が認められるにとどまる。

4 「正しい」行為の総合カタログ

正当防衛や緊急避難のほかにも，構成要件には該当するが，具体的な事情を見てみると，社会的な相当性が認められ，「悪い」（＝違法）とは言えないというケースが存在する。しかも，そうしたケースが「悪くない」事情は多種多様である。これらの多種多様なケースを適切に扱うため，刑法は，35条に「法令又は正当な業務による行為は，罰しない」という規定を置いている。

◇法令が認めた「正しい」行為

警察官による現行犯逮捕，産婦人科医による人工妊娠中絶，都道府県と政令指定都市による宝くじの販売などは，それぞれ逮捕罪（220条），業務上堕胎罪（214条），富くじ罪（187条1項）の構成要件に該当するが，法律によって認められているため（刑事訴訟法213条，母体保護法14条，当せん金付証票法4条），犯罪にはならない。このように，法令に基づいて権利または義務として行われた行為は，社会的相当性が認められることから，「悪くない」と判断され，違法性が阻却されるのである（**法令行為**）。

◇社会的に意義が認められた行為

法令に具体的な根拠規定がない行為の中にも，違法性が阻却されるものがある。たとえば，治療行為としての外科手術，ボクシング

の試合中のパンチ，新聞記者の取材活動などは，傷害罪（204条），暴行罪（208条），秘密漏示罪（134条）の構成要件に該当しても，社会生活の中で反復または継続して行われる活動（業務）として，その意義が確立しており，社会的な相当性が認められる。

　ただし，法令に規定がある場合と異なり，業務行為の場合，どこまでが「悪くない」のかは，それぞれの業務活動ごとに，どのような要件がそろえば，社会的相当性が認められるか，検討していかなければはっきりしない。たとえば，治療行為の場合には，①正当な目的，②相当な手段，③患者の了解（インフォームド・コンセント）の3点がそろわなければ，社会的な相当性は認められない。また，スポーツの場合，①安全性に配慮したルールの存在，②ルールに則った競技の実施，③競技者による競技にともなう危険性（たとえば，ボクシングでパンチを受け，ラグビーでタックルを受けることで傷害を負う危険性があることなど）への了承が要求され，取材活動の場合，①目的の正当性，②取材手段・方法の相当性が要求される。

◇被害者が同意した行為

　個人が自由に処分する権限を認められている利益（個人法益）について，その侵害を被害者が同意していた場合，本人が侵害されても構わないと思っている以上，刑法が刑罰を用いて，これを保護する必要がないため，違法性が阻却されるといわれてきた。

　ただし，持ち主の了承を得て，本をもっていってしまったり，家主の承諾を得て，家に上がる行為は，そもそも窃盗罪（235条）や住居侵入罪（130条）の構成要件にも該当しないと考えるほうが自然であろう。つまり，窃盗罪は，「持ち主の承諾なく，財物を奪うこと」を，住居侵入罪は，「住人の了承なく，住居に侵入すること」

第9講義　人を殺しても，「正しい」場合がある

をそれぞれ構成要件と解するべきなのである。また，個人法益の罪のうち，人の生命については，その重要性を考慮して，たとえ被害者が同意していても，同意殺人罪（202条）という犯罪に該当し，違法性は完全には阻却されないという規定が存在する。

　したがって，人の生命や身体を侵害する行為のうち被害者が同意したことで，その違法性が阻却されるのは，傷害罪に該当する場合に限定される。入れ墨や献血用の注射針の挿入は，こうした観点から，傷害罪の構成要件に該当するが，その違法性が阻却されているのである。

◇罰するほど悪くない行為

　たとえば，隣の席で勉強する友人に無断で，友人のティッシュペーパーを1枚とったり，消しゴムを無断で使ったりしただけも，窃盗罪（235条）の構成要件に該当することは間違いない。しかし，この程度の行為では，窃盗罪の法定刑の下限である1万円の罰金にも値しないというのが，多くの人の率直な感覚であろう。そこで，このように構成要件に該当し，かつ「悪い」（＝違法）ことも間違いないが，刑罰を科すほどの「悪さ」（可罰的違法性）がないという場合，刑法上の「悪い」には当たらないとして，違法性が阻却される。判例も，1厘相当の価値しかない葉たばこ1枚を納入しなかったという専売法違反事件で，こうした考え方を採用して以来，一貫して可罰的違法性のないことを根拠とした違法性阻却を認めてきた（広告用パンフレットが入った封筒の窃取につき，可罰的違法性を否定した判例もある）。

114

Bridgebook

第10講義
ある特定の人を本当に非難できるか

有責性

1 悪いことをした人を非難するには？

　夕食前にお菓子を食べてしまった子どもに対し，母親はどう言うであろうか。「前にもお約束したでしょ」などと，子どもがそのルール（約束）を知っていたこと，あるいは，それを思い出せたことを指摘するであろう。そして，子どもが「でも我慢できなかったんだもん」と反論すれば，「そういうときはお水でも飲んで我慢しなさい」と，当該ルール違反を思いとどまることができたこと，あるいは，別の方策があり得たことを指摘するであろう。これを刑法の世界に移せば，構成要件に当てはまる違法な行為をやった人を非難するためには，その行為が違法であることを分かることができたこと（＝**違法性の意識の可能性**）と，それが違法だと分かったときに，思いとどまることができたこと（＝**犯行の制御可能性**）が必要だということになるのである。

2 「法律を知らなかった」という言い訳は通用するか
——違法性の錯誤

◇法の不知は許さず？

刑法38条3項は，「法律を知らなかったとしても」故意がなくなるわけではないが，情状によりその刑が減軽される余地があることを認めている。しかし，犯罪者が自分のしでかしたことに適用されるのが刑法第何条なのか，その規定内容はどうなっているのかを知らなかったとしても，責任の重さにはまったく影響がないはずである。それゆえ，同条項にいう「法律」というのは「違法性」のことだと考えられている。そうすると，刑法38条3項は，自らの行為の違法性を知らなかったとしても，故意犯での処罰は認められるが，そのことで刑が減軽される可能性があると規定していることになる。

しかし，誰でも一定の年齢まで成長すれば泥棒や人殺しが悪いことだというのは知っているはずである。また，悪いことを悪いと知りながら犯行に及んだ者が一番悪いのは明らかであろう。そうだとすれば，このように，悪いことを悪いと知りながら（＝違法性の意識をもって）犯行に及んだ者だけを故意犯として重く処罰するのが妥当ではないだろうか。学説では，厳格故意説という見解がそのように考えており，違法性の意識こそが「故意犯と過失犯を分ける分水嶺」だとしている。

確かに，そういう犯人が一番悪いというのはそのとおりであろう。しかし，激情にかられて人を夢中で刺しているときに，「自分は法に反したことをやっている」と思っている行為者はいるのだろうか。

116

また，何か事業を始めようとするとき，その事業に関する法規制にまったく無関心な者は，自らの事業活動が「違法」であることを知らないでいるのではないだろうか。そうすると，これらの者も，「違法性の意識」がなく犯行に及んだのだから，厳格故意説によれば，故意犯にならなくなってしまう。しかし，やはり，このような結論はおかしいのではないだろうか。こうして，多くの見解は，「違法性の意識」はなくても故意犯の成立は認められ，「違法性の意識の可能性」さえあれば，責任非難を加えることは可能だと考えているのである。

少し教科書っぽくなってしまうが，このことを，学説ごとにみてみよう。まず，制限故意説 という見解からは，違法性の意識がなくても故意は否定されないが，違法性の意識の可能性がなければ「故意」が否定されることになる。故意説というのは，違法性の意識（の可能性）を「故意」の要素とする見解で，違法性の意識（の可能性）がなければ，「故意」が否定されることになるのである。また，違法性の意識がなく，その可能性があっただけの場合は，刑法 38 条 3 項ただし書により刑が減軽される可能性がある。これは，違法性の意識の可能性がないときの無罪判決に 38 条 1 項という条文の根拠をもたせることができるため，実務家に支持されることが多く，相当数の下級審の裁判例にもみられる考え方なので，おさえておこう。他方，責任説 という見解からは，違法性の意識の可能性がなければ「故意」ではなく「責任」が否定される。責任説というのは，違法性の意識の可能性を，故意とは別の責任要素とする見解で，違法性の意識の可能性がなければ，超法規的に責任が否定されることになるのである。また，違法性の意識がなく，その可能性があっただけの場合は，刑法 38 条 3 項ただし書により，刑が減軽される可

能性がある。なお，超法規的というと，法律を無視した勝手な解釈のように聞こえるかもしれないが，行為者に有利な方向で，条文にない阻却事由などを認めることは，罪刑法定主義の関係でも問題ないと考えられていることは確認しておきたい。

これに対し，最高裁は，いまだに違法性の意識の可能性がなくても処罰するという姿勢を崩していないが，下級審では，**違法性の錯誤** に相当な理由があり，違法性の意識の可能性がなかった事案について故意を否定することにより処罰をしないという扱いをした例が相当数みられる。たとえば，高裁レベルでは，酒税法につき村役場・税務署の回答に従った場合，医療法につき保健所所長の指示に従った場合，風俗営業取締法につき警察署の指示に従った場合，独占禁止法につき通産省（当時）の行政指導と公正取引委員会の容認があった場合などにつき，違法性の錯誤に相当の理由があったと判断されているのである。長らく「法の不知は許さず」の原則を守ってきたイタリアでも，憲法裁判所が 1988 年 3 月に，その規定を違憲だと判断し，違法性の意識の可能性がない行為者は処罰されないとする方向になっている。わが国の最高裁の姿勢も，いずれ適切な事案が出てくれば，これと同様に改められることになろう。

◇刑法規範の氾濫？

刑法は「最後の手段 ultima ratio」だと言われてきたが，近年では，一方では，情報化，国際化などの進展に伴う，よりいっそうの法益保護の必要性から，不正アクセス防止法などが設けられ，他方で，国民の規範意識の揺らぎに対応する必要性から，出会い系サイト規制法などが設けられるなど，新しい犯罪類型が次々と設けられており，国民生活のさまざまな場面が広く刑事規制によって覆われ，そ

れと無関係な領域での活動は考えられなくなってきていると言って
よい。また，都道府県条例で刑罰法規を設けることができるため，
地方自治体ごとに異なる刑事規制がなされていることもある。こう
した状況で，先ほどみたような違法性の意識の可能性があれば責任
は問えるという考え方は，妥当な結論になるのだろうか。

　何か事業を始めようとするときには，その事業を規制する法を
「事前に」調べておくべきであり，それをせずに事業を始めて刑罰
法規に反してしまったとしても，やはり，違法性の意識は可能だっ
たということになろう。違法性の意識の可能性は，「事前」に調べ
る可能性があればよいのである。しかし，後から考えればそう言え
ても，事前には，そうした調査が必要だと思いいたらない場合も多
いだろう。そこで，やはり，そうした調査の「きっかけ」となるも
のがなければ，違法性の意識の可能性は否定されるべきことになる
のである。

　他方，このように「刑法規範の氾濫」ともいうべき状況にいたる
と，国民の側に法を調べることを期待するだけでは，やや一面的で
あり，国家の側にも刑法規範を広く知らせるべき義務を課すべきで
あろう。違法性の意識の可能性は，この2つのバランスの中で検討
されるべき問題なのではないだろうか。

3　刑法は子どもを非難しない
　　　──責任能力

◎心神喪失と心神耗弱

　*1*でみたように，行為者を非難するためには，その者に「違法性
の意識の可能性」と「犯行の制御可能性」があったのでなければな

らない。刑法39条は，そうした可能性が「精神の障害」によって
失われ，あるいは，減少した状態で犯行に及んだ者は処罰せず，あ
るいは，刑を必ず減軽することを規定している。

　この刑法39条の評判はあまりよくない。被害者の側からすれば，
心神喪失者に殴られたのでもそうでない者に殴られたのでも，同じ
ように痛い。それなのに，心神喪失者による行為には，刑法39条
1項が適用されて，刑罰が科せられないのは，絶対納得ができない
というのである。

　しかし，このような特別な取扱いそのものは，すでに未開法にも
見られたのであり，それぞれの社会・文化は，それぞれの形で毒人
参（刑罰）かヘレボロス草（医療）かを選択してきたのである。「違
法性の意識の可能性」や「犯行の制御可能性」がないから刑罰を科
さないのだという説明の仕方は近代以降に登場したものであるが，
そのルーツには精神病者に対する同情や寛容の気持ちがあるのであ
る。そして，刑罰というのが法的な非難を加えるものである以上，
やはり，そうした可能性がなければ，行為者を非難して刑罰を科す
ことはできないのである。

　心神喪失とか心神耗弱というのは法律学の用語で，精神医学や心
理学の用語ではない。心神喪失 というのは，精神の障害のために，
自らの行為が違法であることを分かる能力（認識能力という），ある
いは，それが違法であると分かったときに思いとどまる能力（制御
能力という）の，少なくとも1つがないことである。また，心神耗
弱 というのは，精神の障害のために，認識能力，あるいは，制御
能力の，少なくとも1つがいちじるしく減っていることである。

　たとえば，統合失調症の場合，わが国の精神医学の伝統的な見解
は，原則として責任無能力と判断するべきだと強く主張してきたが，

わが国の判例は，そうした見解を支持せず，①病気が重い場合のほか，②犯行が幻覚・妄想などの病気の症状に直接支配されていた場合に限って心神喪失を認め，そうでない場合については，症状の影響に応じて心神耗弱を認めている。

また，わが国の刑法 39 条には，精神の障害がどのようなものでなければならないかを限定する文言はないから，一時的な精神の障害の場合でもよい。それゆえ，たとえば，酒を飲んだため急性アルコール中毒の状態になり隣の客をビール瓶で殴ったような場合にも，刑法 39 条の適用は否定されないのである。

しかし，自分でそうした状態を招いておきながら処罰されない（あるいは刑が必ず減軽される）というのはおかしいのではないだろうか。このような場合には，確かに，殴ったときには責任能力に問題が生じている（不自由である）が，酒を飲み始めたときには（原因において）責任能力があった（自由であった）のだから，完全な責任を問われてよいのではないだろうか。これが「**原因において自由な行為**」と呼ばれる議論の中身である。そして，現在の多くの見解は，しらふの状態で自由に決断した結果，そうした事態を招いたのだから，「自由な意思決定がそのまま実現している」という理由で，そうした場合には刑法 39 条を適用しなくてよいと考えている。

◇心神喪失者等医療観察法

わが国には，刑罰法規にふれる行為を行ったものの心神喪失のために無罪となった者，あるいは，不起訴となった者などに対して，強制的な入院治療を命じる制度はなく，せいぜい，精神保健及び精神障害者福祉に関する法律（精神保健福祉法）に従って，都道府県知事により措置入院が命じられるだけであった。この措置入院は，

刑罰法規にふれる行為を行ったことは要件となっておらず，あくまで，「精神障害のために自身を傷つけ又は他人に害を及ぼすおそれ」に対応するための精神保健・福祉のための対応である。

これに対し，2003（平成15）年7月に成立し，2005（平成17）年7月に施行された，「心神喪失等の状態で重大な他害行為を行った者の医療及び観察等に関する法律（**医療観察法**）」では，殺人，傷害など6種類の重大な他害行為を行い，心神喪失のために不起訴・無罪となった者などに対し，検察官の申立てにより，裁判官および精神科医（精神保健審判員）の合議により，「対象行為を行った際の精神障害を改善し，これに伴って同様の行為を行うことなく，社会に復帰することを促進するため，入院をさせてこの法律による医療を受けさせる必要があると認める場合」には「医療を受けさせるために入院をさせる旨の決定」が，また，「対象行為を行った際の精神障害を改善し，これに伴って同様の行為を行うことなく，社会に復帰することを促進するため，この法律による医療を受けさせる必要があると認める場合」には「入院によらない医療を受けさせる旨の決定」がなされることになった。

この医療観察法に基づく強制入院がなぜ正当化されるのかについては，立案担当者などは，あくまで社会復帰のための手厚い医療の必要があるからだと説明しているが，これに対しては，「同様の重大な他害行為を行う可能性」（再犯の可能性）による不利益が対象者の自由権の侵害を上回る場合に，優越的利益の原則によって正当化されるのだとする見解も有力に主張されている。

いずれにせよ，この医療観察法ができたことにより，刑法39条が適用されても必ずしも無罪放免となるわけではなく，強制的に医療が施され，もって，対象者の社会復帰と再犯の防止が図られるこ

とになったのである。

◇**責任年齢**

　人は成長していくに従って，何がよくないことかを学び，よくな
いことを思いとどまることができるようになるものである。そして，
人殺しや泥棒をやってはいけないということは，かなり小さい頃か
ら分かっているであろう。しかし，感情や意思をコントロールする
能力は，認識や理解の能力よりも遅れて発達するものだとされる。
こうしたことからすれば，少年期の精神の構造は，智・情・意のバ
ランスがとれ，安定したものだとは言えないことになり，それにふ
さわしい対応が必要になってくる。

　こうして，刑法41条は，14歳未満の者の行為を処罰しないこと
にしている。この取扱いの背景には，さらに，こうした幼い者には
刑罰を科すべきではないのであり，可塑性を信じ，健全な成長への
道を再び歩ませようという政策的な配慮も認められる。さらに，少
年法は，20歳未満を少年と呼び，「罪を犯すとき18歳に満たない
者に対しては，死刑をもつて処断すべきときは，無期刑を科する」
（51条1項），「少年に対して有期の懲役又は禁錮をもつて処断すべ
きときは，処断すべき刑の範囲内において，長期を定めるとともに，
長期の2分の1（長期が10年を下回るときは，長期から5年を減じた
期間。次項において同じ。）を下回らない範囲内において短期を定め
て，これを言い渡す。この場合において，長期は15年，短期は10
年を超えることはできない」（不定期刑：52条1項）などの，さまざ
まな特別の取扱いを認めている。

Bridgebook

第11講義
未完成犯罪

未　遂

1 犯罪行為はどのようなプロセスをたどるか
―― 未遂犯

◇犯罪完成へのプロセス

　刑法は，法益の侵害に対して刑罰という反応を返すことで犯罪を防止し，法益を保護しようとする法である。しかし，重要な法益については，侵害結果が発生する前の段階でも処罰されることがある。これが「未遂犯」である。

　犯罪が完成にいたるプロセスを順にたどることにしよう。犯罪の性質にもよるが，計画的な犯行の場合には，犯行開始前に準備作業が行われることもあるだろう。しかし，ふつう，準備だけでは法益侵害の危険性は現実のものにはなっていないので，処罰が必要かは疑問である。たとえば，マンションに盗みに入る準備として間取図を手に入れたとしても，実際に物が盗まれるまでにはずいぶん距離がある。結果との具体的な結びつきが想定される行為が存在しない段階は，まだ刑法の出る幕ではないようである。

1 犯罪行為はどのようなプロセスをたどるか

◇犯罪の準備をする・計画を立てる（予備・陰謀）

しかし，重大な法益侵害については，早い段階で危険の芽を摘むほうがよい。立法者はそのような場合には，準備行為を処罰のカタログに載せる。これが「予備罪」や「陰謀罪」である。予備罪は，形のある準備行為をする場合で，放火予備罪（113条），殺人予備罪（201条）や強盗予備罪（237条）などが規定されている。たとえば，現金輸送車の通行経路を調べたり，武器を用意したりする場合である。人の生命や身体の侵害は，それ自体重大であり，発生してからでは取り返しがつかないので，早い段階から刑罰を予告して禁圧する必要があると考えられたのであろう。

予備罪には，「貨幣，紙幣又は銀行券の偽造又は変造の用に供する目的で，器械又は原料を準備した者」（153条）のように，予備に該当する行為をある程度特定して規定するものもあり，このような場合を「独立予備罪」と呼ぶ。これに対し，殺人予備罪や強盗予備罪など，「○○罪の予備」として規定されている場合を，殺人罪や強盗罪の基本的な構成要件（199条や236条が規定する構成要件）を修正して，その予備を処罰するものだから，「構成要件の修正形式としての予備罪」と呼ぶことがある。

計画を立てたことそれ自体を処罰対象にするのが陰謀罪である。陰謀は犯罪完成へのプロセスから見れば，形のある準備行為が行われるよりさらに前の段階だと考えられる。したがって陰謀の処罰は予備よりもっと例外的である。もっとも，犯罪計画が外から見てわからなければ実際には処罰できない。刑法典では，内乱陰謀罪（78条），外患陰謀罪（88条），私戦陰謀罪（93条）の3つだけである。

なお，英米法には，仲間が集まって犯罪を行うことを内容とする相談をしたり計画を立てたりする「共謀」を犯罪として捉える「コ

125

ンスピラシー（conspiracy）」がある。日本でも，共謀は，「共同正犯」
（60条→第 **12** 講義）の成立に関する判断材料として考慮される。
また，例外的に組織的犯罪集団による重大犯罪遂行の計画が処罰さ
れることがある（組織犯罪処罰法 6 条の 2 等）。

◇実行の着手（未遂）

予備・陰謀を越えて，犯罪行為が実際に開始された段階からは
「未遂犯」となる。それ以前の段階では処罰されなかった犯罪類型
でも，未遂は処罰される場合が増える。未遂罪は，予備罪や陰謀罪
とは違って，総則の中に 43 条と 44 条として規定されている。44
条によると，未遂犯が処罰されるのは未遂犯を処罰すると規定する
条文があるときに限られる。43 条は，未遂罪の定義とその処分の
規定で，未遂犯は，犯罪の「実行に着手」し，犯罪を「遂げなかっ
た」場合である。「遂げなかった」というのは，大多数を占める結
果犯の場合には，各構成要件が予定している法益侵害結果が生じな
かったことを意味する。たとえば殺人の実行として刃物で刺して大
怪我をさせたものの，被害者が死ななかったとすれば「殺人未遂」
である。

◇犯罪事実がすべて実現する・結果が発生する（既遂）

犯罪構成要件に規定されている要素が現実の事実としてすべて実
現されたところで犯罪は既遂になる。犯罪が「完成」したと表現
することもできる。殺人の例で言えば，殺害の実行に着手し実際に
客体が死亡したときに，「人を殺した」という構成要件が完全に充
足され，殺人既遂になる。

1 犯罪行為はどのようなプロセスをたどるか

◇結果が実現していなくても処罰されるのはなぜか

前に，現実の法益侵害があって初めて処罰するというのが刑法の
やり方だと述べた。結果が発生したかどうかは，かなり決定的な差
である。実行は始めたが侵害にいたらなかったのなら，処罰するま
でのことはないとも言える。未遂犯が処罰に値するような「悪さ」
を含んでいること（違法性）は，どう説明されるのだろうか。

第1の説明は，未遂犯も，既遂犯の結果とまったく同じではない
が，ともかく「結果」を引き起こしたからこそ処罰されるのだと考
えるものである。「実行の着手」によって法益は侵害の危険にさら
されている。それは「法益侵害の危険」という客観的事実にほかな
らない。重要な法益については，それを危険にさらすだけで処罰す
るのに十分な結果だと評価されるわけである。第2は，法益を現実
に守ろうとするならば，刑法も実際の法益侵害まで待っていては間
に合わないから，法益侵害に結びつくような行為をしないように
人々をしむける必要があると考えるものである。犯罪を一般的に予
防するために，まず法益侵害の危険を引き起こすような「行為」が
禁じられているので，それに反した以上は結果は発生しなくても処
罰対象になるというのである。

◇「未遂を処罰することが適切な犯罪」を選ぶ

上の第2の立場に立って，結果ではなく行為自体の違法性を論じ
たとしても，結果が発生した場合と結果が生じなかった場合とでは，
やはり客観的な違法性の程度は違う。刑法43条が，未遂犯の刑は
「減軽することができる」としているのは，結果が生じていないこ
とも考慮し，違法性の程度が低い場合には裁判官の裁量で刑を軽く
する余地を認めたのだと考えられる。ついでに，しかし重要な注意

127

をしておくと、「することができる」のだから、刑の減軽は任意である。このような場合を「任意的減軽」という。同じ43条の「ただし書き」のほうでは、「(減軽または免除)する」となっていることに注意してほしい。後述3で説明する。

さて、第2の考え方を貫くと、どんな犯罪でも「禁止されている行為が行われた以上違法だから、未遂犯は処罰可能だ」ということになりかねない。しかし、法律が、すべての未遂を処罰対象としていないのは上に述べたとおりである。法益侵害がなかったときに処罰することはできるだけ避けるべきだという前提がなくなるわけではない。ひとまず既遂のみを処罰すると予告しておけば、あえて「実行の着手」をしないように人々を誘導できることもあるだろう。それではすまないものだけが未遂処罰の対象となっているというわけである。

◇**法益侵害と違法性とはどのように関係するか**

2つの立場は、違法性判断における法益侵害の位置づけが異なる。

第1の立場は、「処罰の必要があるような違法性は、行為が行われただけでなく、法益に関係した客観的な事実が生じた場合にしか認められない」という思考を純粋に貫いたものである。そこでは、現実の客観的結果に対して後からそれを評価し、法的処理を行うのが刑法の役目だと考えられている。その基礎にあるのは、第9講義で説明した「結果無価値」論である。

この見解からは、未遂が処罰対象になるためには「実行の着手」そのものより、「法益侵害の危険という結果」が発生したことが重要である。もちろん、多くの場合、犯人の行為と「法益侵害の危険発生」とは連動しているが、「実行の着手」は法益が危険になった

ときに認められるもので，行為者が何らかの動作を始めたこととは
直接に関係があるわけではない。

第2の立場は，「法益侵害の危険が含まれているような行為を行
えば，行為自体で処罰に値する違法性を肯定することができる」と
考えている。法が違法だと評価する対象は人の行為，およびその人
のしわざとしてそこから生じた事実だというわけである。したがっ
て，客観的結果もさることながら，行為を行ったことも違法評価に
とって重要なことになる。いうまでもなく，これは「行為無価値」
論の考え方であるが，上で説明したように，正確には結果無価値と
行為無価値とを合わせて評価するものである。法益侵害を引き起こ
す危険を内包する「行為」を行った場合には，それ自体も違法評価
の対象となるのである。

◇いつ「実行の着手」を認めるか──形式的な実行行為

結果無価値論からいえば，「実行の着手」が認められるのは法益
侵害の危険性が現実化したときである。容器に水が満ちていくよう
に危険性が高まり，ある水準を越えると「実行の着手」とされる。
言葉は「着手」だが，危険が切迫した状況と解釈するのである。

行為無価値論からは「実行の着手」の理解はどうなるだろうか。

まずは，実行行為が開始された時が「実行の着手」だというのが
常識的な考え方だろう。殺人罪でいえば，拳銃で頭を撃つ，刀で胸
を刺す，致死量の毒薬を飲ませるなどの行為を始めることが「実行
の着手」である。実行行為とは危険な行為の類型であり，実行行為
の開始がすなわち実行の着手だとする。このようなとらえ方は，実
行の着手時期に関する 形式的客観説 と呼ばれる。

しかし，外形だけで危険性を判断するのはふさわしくないと思わ

129

れることもある。たとえば，相手を毒殺するために毒入りの饅頭を作って郵便で送り付けるような場合，現在の郵便事情を前提にすると，かなりの確実さで相手に饅頭が届くから，相手が毒饅頭を食べて死ぬ可能性が高い。そうすると，「毒入り饅頭を郵便小包として郵便局窓口で発送する行為」の時点で，危険は生じており，「殺人の実行行為」と考えることも不可能ではないのではないか。

◈いつ「実行の着手」を認めるか──危険な行為としての実行行為

そこで，構成要件的結果を発生させる危険性を，より実質的な観点から判断しようとする立場がある。実行の着手に関する **実質的客観説** である。行為そのものに含まれている実質的危険性の側面から考えるもので，形式的客観説との違いは，「実行行為」を行為の外形だけでなく内容や意味を加味して把握する点にある。毒饅頭の発送は，外形だけを見れば，刃物で体を刺す行為のようには相手の死亡結果をひき起こす直接的な危険を含むとはいえない。しかし，実質的に考えると，後々必然的に，かつ高い確実性で人の死につながる行為なので，その時点で実行の着手があると考えるのである。

結果無価値論が「危険が現実化したとき」が実行の着手の時点だとする場合は，「行為の開始」と実行の着手とは直接結びつかない。毒饅頭を発送しただけでは相手が死亡する危険はまだ現実化しておらず，相手が受け取ったときまたは毒饅頭を口に入れようとしたときに現実化するとし，実行の着手時期もそれらの時点になるはずだ，との議論が成り立つ。ごく普通の場合は「行為の開始」時に実行の着手が認められるので，行為無価値論と同じ結論になる。この見解も，実行の着手時期に関する実質的客観説の中に入れることができるが，思考方法にはかなり違いがあることがわかる。

◇**侵害の危険性という考え方**

　実質的客観説のほうが柔軟で妥当な結論を導きそうである。行為無価値を重視する見解は，行為の危険性という方向から侵害の危険性を考慮に入れ，結果無価値を重視する見解は，行為とは独立した客観的状況としての危険性を考慮する。どちらも，「実行の着手」に関しては法益侵害の「危険性」に着目する。ただし，行為に内在する危険性はもちろん行為と共に生じるが，行為と切り離された危険性は行為が終わった後にも変動するので，これが両説の主要な違いとなる。結果無価値重視の立場からは，結果実現に向かう事象が行為者から手放された後になって「実行の着手」を認めることもありうる。たとえば，毒饅頭を発送して，家に帰って寝ている最中に実行の着手時期がやってくる場合があるということである。

2　呪い殺すつもりで丑の刻参りをすれば殺人未遂になる？
　　　　──不能犯

◇**「丑の刻参り」**

　以上述べてきたような議論で想定されている未遂犯は，行為自体に法益を侵害するような危険性が含まれている場合である。たまたま結果が発生しなかったが，結果が発生する可能性は十分あった。これに対し，行為そのものの性質からして法益侵害結果が発生するはずがなかったと考えられる場合もある。たとえば，恨みのある人間を呪い殺そうとする呪術や**丑の刻参り**などの行為は，いかに本人が殺害行為のつもりで行ったとしても，それに人を殺す力はなく，そんなことをしても相手が死ぬ危険性はない。こうした類型は，殺

害手段の効力・効果についての行為者の迷信がもとになっているので「迷信犯」と呼ばれることもある。

◇**結果の不発生は運の問題？**

迷信と言えるほどはっきりしていればまだよいが，微妙な場合もある。毒饅頭の例で，毒として混入された薬品には実は人を死なせるような薬理効果はなく，この行為によって人が死ぬ危険はもともとなかったとしよう。もちろん，饅頭を食べた人は死なない。危険がないのだから未遂犯は否定されそうである。

しかし，そのような知識が一般の人に知れ渡っておらず，むしろ危険な薬物だと思われていた場合，一般人の知識レベルからすれば危険（だと考えられている）行為が行われたともいえる。それにもかかわらず，殺人行為は存在しなかったと言ってよいだろうか。あるいは，現実の薬物量や相手の健康状態からすれば死ぬ可能性はゼロに等しいが，食べた量や，相手の持病などの条件によっては死ぬ可能性もあるという場合を考えてみよう。結果が発生しなかったのは偶然にすぎないといえないだろうか。

さらに，拳銃の引金を引いて人を殺そうとしたが，たまたま銃に弾丸が装塡されておらず，弾丸が出なかったので人が死ななかったような場合はどうか。確かに，もともと空ピストルなのだから死亡結果が発生する可能性はない。しかし，だからといって，ピストルで人を撃つ行為があったにもかかわらず殺人未遂罪にはならないとしていいだろうか。

◇**不能犯とは何か**

法益侵害の「危険」すら引き起こしていないとすれば，未遂犯と

しての処罰根拠が欠けていると言うほかはない。行為自体に法益侵害の危険性が含まれていないとき，あるいは結果発生の危険性が現実化することがありえない場合には，処罰すべき未遂犯とはならず，不可罰行為としなければならないのである。このような不可罰的な未遂犯のことを「不能犯」という。

不能犯は，「犯」の字がはいっているが犯罪ではない。一見したところ構成要件に該当する行為（実行行為）が行われたようだが，実際には実行行為とはいえない行為が行われたにすぎない場合である。したがって，不能犯はそもそも構成要件に該当しない。逆から言えば，構成要件に該当するかしないかの判断の結果，構成要件不該当になる場合が不能犯である。

◇手段の不能・客体の不能

有毒でない物で殺そうとしたり，空ピストルで射殺しようとしたりする場合は「手段の不能」と言う。不能犯の類型には，このほか，ベッドで寝ている人を殺そうとして布団の上から日本刀で突き刺したところ布団の下に人はいなかったという場合，ポケットの中の金目の物を盗もうとしたらポケットの中には何も入っていなかったというような場合もある。このように，客体が存在しないために侵害の危険が生じない場合を「客体の不能」と言う。

ただ，構成要件にいう「客体」は法的概念であるから，客体が存在するかどうかも法的に考えなければならない。典型例は，生きていると思って殺した相手が，すでに死亡していた場合である。殺人罪の客体である「人」は，法的にはもちろん生きている人のことだから，死体になっていたのであれば客体が存在しないことになるのである。

◇主体の不能

ほかに 主体の不能 が考えられる。「身分犯」，すなわち，ある特定の立場にある人が行うときに限って保護法益が侵害されると考えられる構成要件がある。たとえば収賄罪（197条以下）は，公平・公正であるべき公務への信頼の保護を目的とするもので，公務に従事する公務員が賄賂を受け取る場合だけが処罰対象となっている。そこで，公務員でない人が自分は公務員であると思って，自分の仕事に関連する謝礼として裏金を受け取っても，収賄罪の構成要件には該当しない。もっとも，主体の不能は，行為の危険性という側面の意義は小さい。不能犯として論じるよりは，単純に主体に関する認識を欠いていたという故意の問題，あるいは形式的に構成要件要素が欠けている場合として論じるほうがふさわしいように思われる。

◇不能かどうかの判断

問題は，不能犯とそれ以外の可罰的未遂犯とをどのように区別するかである。本人が実行行為を行っているつもりであるだけでなく，客観的にも要件が充足されているかの判断が微妙なこともある。有名な裁判例には，食品に硫黄をまぜて食べさせようとした事件があった。静脈に空気を注射したという例もあった。結果が発生しなかったのが「必然」なのか「偶然」なのかは，そう簡単には判定できない場合が少なくない。そこで，処罰されない「不能犯」になるのか，可罰的な「未遂犯」になるのかの判断基準を一般的に設定しておく必要がある。

◇いつの段階で判断するか

まず，どの段階で不能を判定すべきかが問題である。というのは，

すべてが終わった後から見れば未遂に終わったのは当然だというほかはないからである。弾丸が当たらなかったのは，銃口がきちんと客体の方向を向いていなかったからであり，あるいは風によって弾道が少しずれたからであり，あるいは火薬の量が微妙に違っていたからである。とにかく，事象が自然法則に従って推移する以上は，すべてはそうなるべくしてなったといえる。つまり，初めから危険はなかったことになる。

結果無価値を重視する立場は，基本的にこのような事後的な判断が妥当だとする。しかし，それを貫くと処罰できるような未遂犯はありえないことになってしまう。そこで，結果にたどり着く途中で結果発生の方向に向かう危険性があったことが肯定されれば可罰性を認める，というのが一般的な見解である。

他方，行為無価値を重視すると，行為が行われる時点で危険性を含む行為であったかどうかが問われるから，判断の時点は行為時ということになる。後から明らかになったことでも，行為時に知りえなかったような事情は考慮に入れない。

◇誰の目から見て判断するか

次は，どのような基準で判断するかである。

現在の有力な学説は，「客観的危険説」と「具体的危険説」である。行為者自身が危険だと思っていることや，行為者が思っているとおりだとすると危険があったと考えられることなどを考慮する主観的危険説・抽象的危険説は，いずれも不都合だとされて過去のものとなり，2つが残った。

結果無価値を重視する立場から，事後的に明らかになった事情も含めて客観的に法益侵害の危険の有無を判断して決めるというのが

「**客観的危険説**」，行為無価値を重視する立場から，行為時点で本人が認識しあるいは予見可能であった事情，一般人が認識・予見可能であった事情を考慮した具体的な危険性によって判断するというのが「**具体的危険説**」である。死体に対する殺害の例で考えると，客観的危険説からは，客観的に客体が死体であった以上は不能犯だと判断され，具体的危険説からは，行為時に一般人から見て生きていると思われる状況であれば不能犯ではないと判断されることになるだろう。

3　犯罪から後戻りする黄金の橋
――中止犯

◎既遂前に思い直すと処罰されないですむことがある

実行の着手後に行為者自身が結果発生を食い止めたときには，偶然に結果が発生しなかった場合より「マシ」だろう。後悔して法益保全のために働いたのであれば，その分，何もしなかった者よりはほめられる。犯罪にかかわった者に途中からでも後戻りしてもらうほうが，結局は法益が侵害されずにすむ可能性がある。

そこで，刑法 43 条は「ただし，自己の意思により犯罪を中止したときは，その刑を減軽し，又は免除する」と規定する。この場合を「中止未遂」といい，そのような未遂犯を「**中止犯**」という。これに対比していうときには，43 条本文の未遂犯を「障害未遂」という。障害未遂は何らかの外的障害によって未遂に終わる場合であり，中止未遂は行為者の内発的な中止行為によって未遂になる場合である。中止犯規定も 43 条「本文」に書かれている「犯罪の実行に着手してこれを遂げなかった」ことを受けた規定であるから，実

行の着手が肯定され，しかも未遂に終わったことが前提である。

　中止犯が認められると，その刑は既遂犯の刑に比べて減軽される
か免除されるかの，どちらかである。障害未遂（43条本文）につい
ては任意的な減軽だけであるのに対して，中止犯の場合には刑の減
軽か免除かのどちらかの扱いは必ず受けられる。刑の「必要的減
免」と言っている。ただし，「刑の免除」はそもそも犯罪が成立し
ないこととは違うから，刑の免除の判決は有罪判決の一種である。

◇なぜ寛大に扱われるのか

　中止未遂が障害未遂より有利な扱いを受ける理由は何か。

　考え方としては，中止犯ではふつうの未遂罪より違法性が小さい
とか，責任が軽いからだとするものがある。これは事実の法律的評
価の問題として説明する説なので「法律説」という。

　しかし，中止未遂も障害未遂と同様に結果発生の危険性を生じさ
せたという点で違法評価に変わりはないと考えざるを得ない。たと
えば，死の危険を生じさせたことが違法評価の対象である以上，殺
害の意図で毒を飲ませた後の処置によって，それが帳消しにはなら
ないのである。

　責任が減少するという説明にも難点がある。条文の上では「自己
の意思により犯罪を中止し」さえすればよく，必ずしも本人が「悔
い改めて」中止する必要はないからである。犯人が被害者から多額
の金銭の提供を受けて中止するような場合を考えると，非難可能性
の程度が低くなるとも言いにくいが，犯罪をやめること自体は，望
ましい。このように，違法性・責任に影響があるとしても，それだ
けで「刑の免除」までを根拠づけて説明することは難しいのである。

　そこで，中止犯は，犯人に「後戻りのための黄金の橋」を架け，

有利な取扱いを予告して法益保全の方向に誘導するものだ，という考え方が出てくる。これは，立法政策とか刑事政策などと呼ぶべき方策であるから「**政策説**」と言われる。ところが，政策は「象徴」ではないのだから，実際に国民が中止犯の制度を知っていなければ意味はないのに，現実にはそのような想定は無理である。それに，有利な扱いといっても刑の減軽・免除のどちらかであって，必ず免除になるわけではない。障害未遂の場合に比べた有利さはそれほどでもなく，その橋が「黄金」製であるかはかなり疑問であるといわなければならない。

結局，法律説も政策説も単独では根拠としては不十分と考えられるので，今のところ，両方を合わせて中止犯の有利な扱いの根拠が説明されることが多い。

◎中止犯の条件

中止未遂と障害未遂との違いは，「自己の意思により」「中止する」という２点である。中止犯における刑の減免根拠を責任減少に求めることはできないとすると，「自己の意思により」を責任非難の程度が低くなるような行為者の内心の事情と結びつけることはできない。また，そもそも政策説からは，そのような場合に限らず，行為者が中止してくれさえすればよい。

現在の有力説は，行為者が犯罪を継続することができると思っていたのにあえてやめた場合には自己の意思によるものだと言えると考える。行為者が，もはや犯罪継続ができない状況だと思っていたときには，「しようと思ってもできない」のだから，自発的な意思によるというよりは，外的障害による未遂としたほうがよいというわけである。

◇結果発生を食い止める

「中止」行為の実質は，実際の犯罪の進み具合と関係する。結果発生にいたる因果の流れがまだ進行を始めていないときには，単にそれ以後の実行行為をしなければよい。たとえば，刃物で切り殺そうと考えて相手に切りつけた場合，実際に相手に傷を負わせていない段階なら，以後の行為をやめれば，中止としてよいだろう。しかし，放っておけば結果が発生する状態にいたっていれば，積極的に結果発生を防止する措置を講じる必要がある。相手がかなりの重傷を負った後で，そのままでは死亡するおそれがあるなら，行為者は積極的な行動をしなければならないのである。一般には，「真摯な中止行為」が必要だとされているが，具体的に何をすればよいかは，事情によって決めるほかはない。

なお，結果発生を阻止する方向に行為者を誘導することをめざすのであれば，結果不発生の原因が別にあり，中止行為と結果不発生とのあいだに因果関係がない場合にも中止犯を肯定してよい。

Bridgebook

第12講義
犯罪にかかわった複数の人をどう扱うか

共　犯

1 共同して犯罪事実を実現する
―共同正犯

◇共犯の種類

　犯罪を1人で行えば単独犯，2人以上が関われば共犯である。刑法には，第11章「共犯」の中で，「共同正犯」（60条）・「教唆」（61条）・「従犯」（62条）という3つの共犯類型が定められている。このうち共同正犯は「正犯」としての位置づけもできるので，教唆犯と従犯とを「狭義の共犯」と言う。なお，従犯は，行為の内容を示して「幇助犯」と呼ばれることが多い。

　さて，刑法第2編「罪」に規定されている各構成要件の実行行為は，ほとんどの場合，1人でその全部を行うことを前提にしている。共犯規定は，この基本構成要件を「修正」して，処罰される行為の範囲を拡張するものだと理解できる。難しく言うと「共犯規定は **構成要件の修正形式** である」。したがって，共犯の成否は修正された構成要件の該当性の問題である。

1 共同して犯罪事実を実現する

◈共同の関与に基づく正犯——共同正犯

「共同正犯」は，「2人以上共同して犯罪を実行した」場合で，全員が正犯とされる。法定刑が基本構成要件該当者と同じになるほか，共同正犯に対しても教唆・幇助が成立するなど，法律上の扱いが正犯になるという意味である。

共同正犯では，因果関係の拡張とでもいうべき効果が重要である。たとえば，2人が殺意をもって暴行し，その暴行が原因で相手が死亡したが，2人のうちどちらが致命傷を与えたかが不明だとする。「疑わしきは被告人の利益に」の原則どおりに処理すれば，各人の行為と結果とのあいだの因果関係が証明できない以上，どちらにも結果を帰属させることはできず，2人とも「殺人未遂」にとどまることになるだろう。ところが，共同正犯が成立する場合には，それぞれの暴行は「共同実行」にまとめられ，一連の共同行為から結果が発生したことが証明されれば，どちらにも殺人既遂罪の成立が肯定されるのである。

◈一部を実行したのに全体の正犯になる

他面から見ると，共同正犯は「全部をひとりでしなくてもよい」ことを意味する。「XYの2人が強盗を共同して行うことを企て，Xが相手を後ろからはがいじめにして動けなくしているあいだにYが相手のショルダーバッグを奪った」という例を考えよう。このとき，XYとも強盗罪の共同正犯となる。Xは暴行罪，Yは窃盗罪になるのではない。強盗罪の実行行為を全部行わなくても強盗罪の構成要件に該当することを認めるわけである。

この事情は，「一部実行の全部責任」と言われるが，もちろん本当に一部の関与で全部の責任を負わされることを認めるわけにはいか

141

ないから，合理的な根拠が必要である。多数の学説に共通した考え方は，関与者間に「自分の行っていない部分は他の関与者によって行われる部分で補い，自分の犯行を補充するために利用する」という関係が存在しているからだ，というものである。

◇**共謀すれば実行しなくても共同正犯とされる**

「1人で全部しなくてもよい」のであれば，論理的には「全部他人にまかせる」場合もありうる。実際，日本の裁判所はそのような場合にも共同正犯の成立を認めてきた。2人以上が集まって「共謀」し，その共謀に従って共謀者のうちの誰かが実行したときには，実行しない者も共同正犯となる，というのである。こうした，実行行為の分担をしない共同正犯を「共謀共同正犯」といい，確立した判例となっている。

これに対しては，学説の多くが批判した。構成要件を充足するような実行行為を行う者のみが正犯であって，共同正犯とされるのは実行行為を分担する「実行共同正犯」だけであるというのである。しかし，上述したように，実行行為の一部を行うことが正犯にとって不可欠の要件だという結論は必然ではない。また，実行を担当しなくても，黒幕の大物が犯行の中核を担っていて，正犯としたいことも少なくない。とはいえ，大したことをしていない者も共謀に関与していただけで共同正犯とされるのは妥当でない。むしろ判例と同じ土俵に載った上で正犯の範囲を適切なものにするよう働きかけることが学説の役割だとも指摘された。こうして，現在では，実行共同正犯のほかに，重大な関与をしたと評価できる者は，実行者でなくても共同正犯とする学説が多数を占めるようになった。議論の重点は，どのような根拠で，どのような範囲で，「実行しない共同

正犯」が認められるのかに移っている。

◇共同正犯とされるための要件——意思の連絡と共同作業

共同正犯に必要とされる相互利用補充関係を基礎づける要件として，客観的には「共同実行の事実」，主観的には「共同実行の意思」が挙げられている。実行共同正犯の場合に共同実行の事実が認められることは問題ない。共謀共同正犯の場合は，「共同して」「実行する」と2段階に解釈する。「共謀」の事実があることが「共同」であり，共謀された内容を共謀関与者のうちの誰かが実際に行うことが「実行」にあたる。

共同実行の意思の核心は「**意思連絡**」にある。相互利用補充関係を支える意思であるから，共同者がお互いに相手の行為を認識し，一緒に行うつもりでなければならない。多くの学説は，共同実行の意思とは「相互利用補充意思」であるとしている。

意思連絡がない場合には共同正犯は成立せず，単に時と所を同じくして複数の犯罪が行われたにすぎない（「**同時犯**」という）。この場合は，単純に各個人の犯罪成否が論じられる。また，意思連絡は双方向的な意思の合致であるから，こちらは一緒にやるつもりなのに，相手が気付いていないような「片思い」のとき（**片面的共同正犯**）にも共同正犯は成立しない。

もっとも，共謀は，現場でとっさに意思を通じる場合（現場共謀）や，関与者が一堂に会することなく順次に成立していく場合（順次共謀）を含むし，実行共同正犯は実行行為そのものが同時に行われるので，多くの場合に共同正犯の意思連絡は認められる。

143

第 12 講義　犯罪にかかわった複数の人をどう扱うか

◈**共同正犯には正犯らしい働きが必要**

　意思連絡があっても犯罪計画の核心部分を知らずに周辺的な手伝いだけをする場合を共同正犯としてよいかは疑問である。そこで，共同正犯の要件として「共犯と区別される正犯的な関与」を要求するのが最近の有力な考え方である。「共同実行の事実」とは，実行行為の分担である必要はないが，正犯とするにふさわしい働きでなければならない，というわけである。このとき，構成要件的結果との関係で因果的に重要な意義を有する行為を行った者を共同正犯とする考え方もある。しかし，行為の性質をも重視する立場からは，結果的にどうであったかというよりは，行われた行為が犯罪事実の中心部分を左右する力を持つものかどうかによって正犯性を判断すべきであろう。

　なお，判例は，客観的な関与形式を正犯性の要件とせず，むしろ「自己の犯罪として行なう意思」（正犯意思）を目印として正犯性を決定しようとする傾向がある。ただし，正犯意思は，実務上，共謀への関与のあり方・担当した行為・犯罪から得られる利益の帰属など，客観的事実から認定されることもあり，また，内容としては，犯罪の中核部分に関わる意思と考えられる。結論としては，上に述べたような考え方とそれほど異なるわけではない。

2　正犯の実行に関わる者たち
　　　　──教唆犯と幇助犯

◈**なぜ共犯を処罰することができるのか**

　そもそもなぜ構成要件を修正して処罰範囲を拡張することが許されるかは，考えておいてよい問題である。特に狭義の共犯の場合に

は，夫犯だけでは犯罪は実現しなかったのだから，犯罪実現に関わったといっても共同正犯とは関わり方が違う。そこで，共犯処罰根拠論が論じられることになる。

共犯処罰の根拠は正犯処罰の根拠と基本的に同じだとするのが「惹起説」である。そして，広い意味の惹起説が現在の学説が基本にすえている考え方である。正犯でも共犯でも，違法な事実を引き起こしたことが処罰根拠である。ただ，正犯と共犯とでは「惹起」の方法が違うから，正犯とまったく同じ意味で惹起といえるわけではない。正犯も共犯も可能な限り同じ意味に考えようとする（純粋）惹起説，正犯に実行させることを共犯における惹起だと考える不法惹起説，共犯としての不法と正犯としての不法を合わせて惹起することを処罰根拠とする混合惹起説などがあるが，詳しいことは後々の勉強に譲るほかはない。

◇**共犯は正犯に従属する**

さて，条文で明らかなように，狭義の共犯は，正犯が実行したときに限って成立する。この性質を 共犯の従属性 といい，特に共犯の成立が正犯の実行に依存することを 実行従属性 という。また，共犯は，正犯の犯罪について成立するのが原則である（これは罪名従属性といわれる）。殺人（もちろん既遂）を教唆したところ正犯が実行したが未遂に終わったときには，正犯が殺人未遂罪になると同時に，教唆者は殺人未遂罪の教唆犯になるのである。

さらに，従属の程度も問題になる。たとえば，教唆の相手方（正犯）が責任無能力であった場合，正犯には犯罪が成立しない（第10講義を参照）。このとき，教唆犯のほうは成立するといってよいだろうか。この問題は，共犯の成立のために「正犯の側に犯罪成立

要件のどの段階までが必要か」という観点から整理することができる。正犯が構成要件に該当し違法性を備えていれば（有責性はなくとも）共犯の成立を肯定してよいという考え方が多くなっている（「制限従属性説」という）。それによると，正犯が責任無能力者であっても違法行為を行った以上は教唆犯となるが，正犯に正当防衛が成立するなど違法性が欠ける場合は教唆犯も不成立になる。

◇法益侵害の発端を作る共犯──教唆

教唆犯（61条）は，教唆して正犯に実行させる場合である。犯罪の出発点となるので正犯と同じ刑を科すことにしたのであろう。教唆とは「そそのかし」だが，より実質的に言うと「正犯に犯罪実行の決意を生じさせること」である。相手に実行の決意を生じさせるに足りる行為であれば，方法に限定はなく，命令・哀願などの場合はもちろん，誘導などによってしむける場合でもよい。「いつ・どこで・どうしろ」と特定する必要はないが，漠然と「何か犯罪でもしろ」などと伝えるだけでは教唆とはいえない。教唆にあたるかどうかについて一般的判断基準を提示するのは難しく，犯罪の決意を生じさせたといってよいような内実があるかどうかで判断することにならざるをえない。

◇実行はしたけれど

教唆したけれども正犯が実行しなかったときには処罰されない。正犯が実行はしたものの犯罪が未遂に終わった場合は，前に述べたように「未遂罪の教唆犯」となる。これに対し，教唆者自身が正犯の犯罪を未遂に終わらせるつもりであった場合は「未遂の教唆」（未遂事実を引き起こすことの教唆）として区別しなければならない。た

とえば，犯人を現行犯で逮捕したいときに，犯人側に犯罪行為をさ
せて現場で逮捕するような捜査手法（「おとり捜査」という）がとら
れる場合がある。このとき，もともと犯罪の完成は想定されていな
いので，未遂の教唆が問題になる。共犯の処罰根拠に関する「惹起
説」の立場からは，未遂の教唆は正犯による構成要件的結果という
違法事実を生じさせるものではなく，教唆犯の成立を否定すべきだ
と考えられるが，見解は分かれている。

　なお，教唆犯については，教唆者を教唆した場合も教唆犯になる
（61条2項）。間接教唆と呼ばれる。間接教唆には，相手に対して
「第三者に教唆する」ことを教唆する場合のほか，実行を教唆され
た相手が自分で実行せずにさらに別の者に教唆する場合も含まれる。

◇正犯の実行を容易にする共犯——幇助

　教唆犯は，構成要件的結果に向かってうしろから正犯の背中を押
すイメージだが，正犯の横にいて力添えするのが幇助犯（62条）で
ある。幇助犯の刑は，正犯の刑を減軽することになっている（63条）。
幇助とは「正犯の実行を容易にすること」である。したがって，正
犯による結果実現を「促進する効果」を持てば幇助行為となり，手
段・方法について限定はない。心理的（精神的）幇助でも物理的幇
助でもよい。たとえば，侵入先の間取りを教えるのは心理的幇助で
あり，凶器を提供するのは物理的幇助である。どちらも原則として
扱いに差はない。

　共犯の従属性は幇助犯の場合にも同じで，たとえば金庫破りの道
具を渡したとしても正犯が実行しなかったときには幇助犯は成立し
ない。正犯が未遂だった場合には未遂罪の幇助犯になる。

　「促進効果」が必要なので，正犯が既遂に達した後には幇助はあ

第 12 講義　犯罪にかかわった複数の人をどう扱うか

りえない。そこで，犯人をかくまったり，犯人から盗品を買い受けたりするのは，その犯人の行った犯罪の幇助犯ではない。それ自体が基本構成要件になっている限りで独立した罪（たとえば犯人蔵匿罪（103 条）や盗品等に関する罪（256 条））で処罰される。

　幇助行為は行われたが正犯の役には立たなかったという場合がある。銃声がもれるのを防ごうと部屋の窓に目張りをしておいたが，結局その部屋では殺害行為が行われず，正犯が他の場所で殺害して殺人既遂となったとする。「幇助行為と正犯による構成要件的結果とのあいだに因果関係がない」場合である。このような場合には，犯罪の遂行を容易にしたとは言えず，幇助犯の成立を否定するのが一般的な考え方である。

◇片思いの共犯──片面的共犯

　教唆犯については，実行の決意を生じさせるという行為の性質上，一方的な「片面的教唆」は考えにくい。これに対し幇助犯の場合には，正犯行為を促進する効果があればよいので，「片面的幇助」もありうるというのが判例・通説である。犯行が容易になっているのを正犯が知らなくても，幇助犯は成立しうるのである。

◇「終了した犯罪行為への共犯」はあるか？

　因果は時間にそって一方的に進行し，過去の事実について，後からそれを「ひきおこす」ことがありえない以上，共犯の処罰根拠として「惹起説」をとる立場からは，終了した犯罪行為に対する共犯は成立しないことになる。同様の事情は，行為の一部が終了した後で関与した場合にも当てはまる。Ｘが実行途中に後からＹが加わったとき，Ｙが加わった以降の行為についてＸＹが共犯となりうるの

148

は当然であるが，それ以前の行為についてはXの単独犯が存在する
だけだというのが，論理と言うものである。

　ところが，少々困った問題がある。XがAから金を強奪しようと
してこれに暴行を加えていたが反抗ができなくなったところにYが
来て，X・YがAの所持金を奪って逃げたとする。このとき，Xは
結局全体に関わっているから強盗既遂罪ということになるだろう。
Yは，強盗罪の手段である暴行を行っていないし暴行について共謀
もないから，暴行およびその結果の責任は負わず，窃盗罪になるだ
けなのであろうか。抵抗抑圧状態だからこそYは容易に金を奪うこ
とができたのだからYもXの強盗罪の共同正犯とするべきではない
か。つまり，Xによる先行行為をいわば「引き受け，受け継いで」
後の行為を行ったという評価ができないかが問題とされるのである。

　これが「承継的共同正犯」（幇助犯の場合を含めれば「承継的共犯」）
の問題である。承継はありえないという否定説も有力である。最高
裁判所は，暴行行為の途中から加わった事例では「承継」を否定す
る判断を出した。しかし，共犯者が被害者を欺く行為を行なった後
で，共犯者と意思を通じて，被害者から発送された荷物の受取り行
為に関与した者を，詐欺罪の共同正犯とした判例もある。学説にも，
文字どおりの「承継」ではないとしても，事情によっては，後から
加わった者も犯罪について共同正犯とする可能性を肯定する見解も
あり，議論が続いている。

◇「一抜けた」が認められるか——共犯からの離脱

　共犯を基礎づけている事情がなくなったら共犯関係は終了するは
ずである。たとえば，窃盗を共謀していたX・YのうちXが「おれ
はやっぱりやめておくよ」とYに告げ，Yがこれを了承して「わか

第 12 講義　犯罪にかかわった複数の人をどう扱うか

った」と答えたような場合，たとえその後 Y がそのまま犯行を継続して窃盗既遂に達したとしても，Y の実行は X との共同実行の意思に基づくものではなく，X は窃盗既遂罪の罪責を負うとは言えないのではないか。このような問題が「共犯（関係）からの離脱」として議論されている。

　離脱者が離脱の意思を持っただけ，あるいは表示しただけで他の共犯者が知らないという状況では，他の共犯者は，たとえば依然として心強く思っていたりするので，共犯関係の解消とまでは言えない。では，相手が了承したなら当然に共犯からの離脱を認めてもよいかというと，それでも足りない。すでに犯罪遂行のために役立つ何らかの働きがあった場合には，犯罪実現への効果が残っているからである。要するに自分のしたことの因果的効果を除去しなければ離脱できないと考えられている。

　実行以前の場合には，「意思連絡」という働きがあったにとどまるから，離脱の意思表示とそれに対する承諾があれば，離脱したとしてよいことも多いだろう。ところが，実行の着手後になると，自分の働きがその後の犯罪事実に及ぼす効果を帳消しにするのは至難の業で，離脱するのは難しい。幇助犯でも心理的幇助だけが問題になる場合なら離脱を認めやすいが，物理的幇助，たとえば武器を提供したのであれば，これを取り戻すなどしてその効果を除去する必要がある。このあたりの問題は，学界でもまださかんに議論されている。

150

3 間接正犯

◈自分では実行しない正犯？——間接正犯

犯罪に複数の人間が関与する場合として，共犯のほか，判例・学説において「間接正犯」という類型が認められている。単独犯であれば，普通は，自分で犯罪を実行する以外に構成要件を充足する方法はない。しかし，自分では実行行為を行っていないようにみえるが，他人の行動を利用して構成要件該当事実を惹起するといえる場合が存在し，それが間接正犯だというのである。よく挙げられる例は，Ａ医師が，Ｂ医師が治療に当たっている患者を殺そうとして，Ｂをだまして毒入りの薬を注射させるような場合（毒入り注射事例）である。Ａは，Ｂを利用して，自分の計画した殺人罪にあたる事実をまんまと実現した。このとき，Ａは殺人罪の間接正犯となる。

間接正犯が「正犯」であることの説明として，次のような考え方が提案された。実行行為は，典型的な実行行為に限られるものではない。指示の相手が事情を知らず何の疑いもなしに指示どおりのことを行う状況があるときは，その指示行為も構成要件該当結果を引き起こすような現実の危険を含んでおり，実質的には殺人罪の実行行為と考えることができる。注射事例の医師は，殺人罪の実行行為を行ったのであるから正犯であることになる。

◈人を道具として使う

上に挙げた考え方は，Ｂ医師が，いわばＡ医師の道具として利用されたとするものである。このような理論を「道具理論」と呼ぶ。

151

犯罪実現の作用が「道具」の手に委ねられた後は，意思のない道具を使った場合と同様に単純な因果の経過にすぎない。結果発生の自動性がある以上，介在しているのが人であっても物の場合と重要な差はないと考えるのである。

本来は，間接正犯者自身の正犯性の根拠が問題であるから，介在者が道具であるから背後の者が間接正犯になるという説明は，焦点がずれているきらいはあるが，道具理論は大枠で受け入れられている。そこで，どのような場合に道具だとみなされるか，という形で要件論が論じられる。道具理論の立場を基本にすると，間接正犯の類型は「道具」の類型の裏返しになる。ただ，そもそも人を道具になぞらえるのは法的な価値判断の産物だから，境界線近くの事例では異論も出てくる。以下では，その土台にある考え方に注目して，間接正犯の諸類型を見ていこう。

◇**故意のない道具と故意のある道具**

多くの学説が共通して間接正犯を肯定しているのが「故意のない道具」を利用する場合である。毒入り注射事例もそのひとつである。故意がないということは，法益侵害の危険がある行為だと認識して思いとどまることができない，いわゆる規範的障害がないということを意味する。したがって，故意のない道具を利用する場合には，利用行為から法益侵害結果に自動的につながりやすい。

これに対して，故意のある媒介者には，思いとどまる可能性があり，利用行為から結果にいたる自動性が明らかではない。それでも，媒介者に対する「強制」や「意思抑圧」がある場合には道具性が認められるであろう。利用される者が利用者には逆らえないと思って動く場合，たとえば，暴行により実行行為相当の行為を行わせると

か，大人が5・6歳の幼児に命令してものを取って来させるとかいう場合には，間接正犯を認めてよい。普段から他人を（たとえば継続的な暴行などを通じて）従属させ，言うことは何でもきくという状態になっている場合や，精神障害や発達遅滞がある人を利用する場合，親子・親分子分関係にある従属的地位の者を利用する場合などに，このような事情が認められることが多いであろう。

◇ 「道具」が正犯になりえない場合

「強制」や「抑圧」とは別の観点が必要な類型もある。「目的のない故意ある道具」と「身分のない故意ある道具」を利用する場合である。これらの場合には，実質的な観点から不法事実の実現者（＝正犯）を確定しようとする。目的犯の場合に「道具」が目的を有していないとき，「道具」の行為は構成要件に該当しない。背後の利用者のほうが目的を有するときはその人のほうが違法な事実を実現した張本人だと考えられ，間接正犯を肯定してよいのではないかと思われる。たとえば，「行使の目的」が要件となっている通貨偽造罪にあたる事実を実現するつもりで，高度の印刷技術を持つ者に対して，実際に使うつもりはないと告げて偽札を印刷させるような場合である。

身分犯の場合に「道具」に身分がないときも同様である。公務員が，公務員でない者を窓口にして賄賂を収受する場合，「道具」には「公務員」という身分がない以上，収賄罪の構成要件該当性が認められない。この場合，むしろ道具の背後にいる公務員こそが，違法な事実を実現したというべきであろう。「身分のない道具」を利用して収受した間接正犯を肯定すべき場合だと考えられるのである（身分については，4 も参照）。

◇幇助的道具

　幇助犯の中には，ことさらに正犯に対し従属的であって正犯の道具となって働いているとみられる場合があり，このような「**故意ある幇助的道具**」を利用する場合も間接正犯になるとする説もある。たとえば，密輸入が犯罪となるような場合に，到着した荷物を部下に取りに行かせ船から降ろして運ばせた，などという場合は，部下のした行為は「密輸入」の行為全体からみれば，それを容易にする副次的な役割にとどまる。部下が事情をすべて了解し，上司とのあいだに強制や抑圧の関係がなく，自発的に上司の役に立とうと考えていたとしても，むしろ上司の犯罪実現のために尽力するだけだから道具と評価すべきであって，背後の上司のほうが密輸入犯罪の間接正犯とされるべきだというのである。ただ，「故意ある幇助的道具」は独自の意思で行動する人間であって，もはや「道具」とはいえないとも考えられるため，このような類型の間接正犯に対しては，反対意見も強い。

◇被害者も道具になりうる

　だまされたり，強制されたりして，被害者自身が自己の法益侵害行為に及ぶという場合もある。被害者自身を利用する間接正犯である。特に，自殺させる場合が問題で，加害者側にとっては，殺人罪の間接正犯になるか自殺教唆罪（202条前段）になるかで法定刑がかなり違う。被害者に自殺を強制する場合は間接正犯になるとしてよいことが多いだろうが，だます場合には，被害者が「故意のない道具」にあたるかは，問題である。毒を無害なものと偽って飲ませるとか，いったん死んでもすぐ生き返らせると（知的問題のある者

154

に）信じ込ませる場合とか，後追い自殺するから先に行ってと懇願するなど，場合によって被害者自身の認識が多岐にわたるからである。

4　わいろを渡す人・受け取る人
——共犯にかかわる諸問題

◇必要的共犯

基本構成要件がすでに共犯になっていることもある。構成要件を充足しようとすれば必ず共犯になるわけだから「必要的共犯」と呼ばれる。これと区別するときは，総則の共犯規定によって認められる共犯を「任意的共犯」という。必要的共犯には2種類ある。1つは，集団犯（集合犯）である。これは，複数の人が同一方向の行為を集合的意思に基づいて行うもので，刑法には，内乱罪（77条），騒乱罪（106条），凶器準備集合罪（208条の2）などがある。もう1つは対向犯である。売買のように，構成要件に規定された行為自体が単独では実現できない行為で，対向関係にある場合をいう。刑法上の例としては，収賄罪（197条以下）と贈賄罪（198条）における賄賂の「供与」と「収受」の組が典型的なものである。

◇誰をどのように処罰すべきか

必要的共犯についても共犯規定を適用してさらに共犯の成立を認めてよいかという議論がある。内乱罪や騒乱罪では，その中で関与のしかたによる処罰の相違が定められているのだから，重ねて共犯規定を適用するのはおかしい。しかし，必要的共犯の範囲に含まれない人（第三者）が凶器準備集合罪の教唆や収賄罪の幇助をする場

155

合には，さらに共犯を認めてもよいだろう。

　必要的共犯になるはずの行為のうち一方だけが構成要件になっている場合がある。たとえば刑法 175 条のわいせつ文書等頒布罪である。頒布とは，「不特定または多数人に交付すること」と解釈されているので，交付の相手方，受け取り手がいるはずであるが，対向犯の形で必要的共犯になるはずの受領行為は処罰されない。このような場合，当然想定される相手方の行為が構成要件に規定されていないのは，そのような行為はそもそも処罰しないというのが法の趣旨である（反対解釈）と理解されている。

◎身分があると犯罪になる場合・刑が加重減軽される場合

　刑法には 65 条という特徴的な規定がある。1 項は，「身分によって構成すべき犯罪」について「身分のない者であっても，共犯」になるとする。2 項は，「身分によって特に刑の軽重があるとき」には，「身分のない者には通常の刑を科する」と規定する。身分とは，性別，国籍，親族関係，公務員であること，などのほか，犯罪行為に関係する犯人の人的な特殊の地位・状態を広く含むと解するのが判例で，およそ構成要件該当判断に関連する行為者の性質・状態はみな身分になる。批判もあるが，判例は，行為者の一時的な主観的要素も身分だとしており，したがって，目的犯における目的も身分である。

　「身分によって構成すべき犯罪」と「身分によって刑の軽重があるとき」とに表れている身分を，それぞれ「構成的身分」と「加減的身分」と呼ぶ。構成的身分 とは，身分が犯罪の成否に関係するような身分である。たとえば，公務員が行う場合だけが構成要件に該当するとき，公務員の身分は構成的身分である。構成的身分が規定

されている犯罪は，**真正身分犯** という。これに対し，身分がなくて
も処罰され，身分があるときには刑が重くなったり軽くなったりす
る場合が **加減的身分** であり，こちらはいわば付随的な意味を持つ身
分に関する構成要件なので，**不真正身分犯** という。ただし，もちろ
ん，不真正身分犯が偽物だという意味ではない。

◇**判例・通説によると**

1項は，身分がない者が身分者に関与したとき，身分がない以上
本来犯罪にならないはずの非身分者も「身分犯の共犯」として処罰
対象になるということを規定している。たとえば，収賄罪において
公務員であることは，構成要件該当性を左右する構成的身分である。
そこで，1項により，公務員でない者が公務員に収賄罪を教唆した
場合には公務員である正犯に収賄罪が成立し，身分のない教唆者も
収賄罪の教唆犯となるのである。

2項は，身分のない者と身分のある者が共犯であるとき，非身分
者に科される刑罰は身分者の刑ではなく「通常の刑」だとしている。
2項は直接には科刑について言っているが，刑罰は成立する犯罪に
対応している以上，成立する犯罪自体が「通常の刑が科される犯
罪」になるのだと解するのが自然である。たとえば，賭博罪（185
条）を常習者が行えば常習賭博罪（186条1項）になるから，常習
者という身分は加減的身分だということになる。そして，常習者に
対して常習者でない者が賭博を教唆した場合，常習者にはもちろん
常習賭博罪が成立し，教唆者は身分がないから単純賭博罪の教唆犯
が成立し，その刑（これが「通常の刑」である）で処罰されるという
わけである。

第12講義　犯罪にかかわった複数の人をどう扱うか

◈身分の連帯的効果と個別的効果

　条文の文言に従うと以上のような扱いになること自体は問題ないが，「なぜ構成的身分は共犯者に連帯的な効果を持ち，加減的身分には連帯効果がないのか」については，あまり説得力のある説明がなされていない。そこで，次のような考え方が提案されている。

　まず，違法性は，客観的な行為や結果に対する法的評価であるから，共犯の場合にはそれが共同されたもので同一である以上，違法性はどの共犯者にとっても同じである。したがって，行為の違法を左右するような身分（たとえば，収賄罪における公務員の身分は，行為の違法性自体を左右する身分であろう）については，その影響は共犯者に共通する。一方，責任は個人の事情によって決まるものであるから，身分が行為者の責任に関わるものであるなら，それは共犯各人ごとに違う事情であって，連帯させるのはおかしい。刑法217条の遺棄罪と218条の保護責任者遺棄罪との関係で，「保護責任者」という身分が行為者の責任を考慮したものだとすると，保護責任者に対してそうでない者が遺棄を教唆したならば，正犯が保護責任者遺棄罪，教唆犯は（単純）遺棄罪とすべきであろう。以上のような理解を前提に，1項は「違法身分」，2項は「責任身分」に関する規定であると理解することによって，両者を合理的に根拠づけることができると主張するのである。

　この解釈は，理論的にすっきりした優れた見解であるが，条文の「構成的身分・加減的身分」という形式的分類を「違法身分・責任身分」という実質的概念に「読み替える」点で解釈の範囲を超える疑いがあること，各構成要件に規定されている身分が違法身分か責任身分かの判断に不明確なところが残ることなど，問題がないわけではない。

158

Bridgebook

第13講義
刑罰の種類は限定されている

刑罰の種類

1 犯罪同様に刑罰も限定されている

◇刑罰ってなんだろう？

　刑罰とは，犯罪に対する法的効果であり，犯罪をしたことを理由として犯罪者に加えられる一定の利益の剥奪を伴う制裁をいう。刑罰は国民の一人である犯罪者から一定の利益を剥奪し苦痛を与えるものであるから，どんな行為をすれば処罰されるかだけでなく，どのような刑罰をどの程度加えられるのかもあらかじめ明らかになっていなければならないし，また刑罰は国家のもつ最強兵器なので，同時に最終兵器でなくてはならず，不平等・不公平なものであってはならない。このような理由から，犯罪と刑罰に関する法律である刑法に，犯罪に対してどんな種類の刑罰が用意されているのかも規定されているのである。これに対して，裁判で実際に言い渡された刑をどのような手続で受刑者に科すかは，「裁判の執行」方法として刑事訴訟法に規定されている（471条以下）。また，実際に刑務所内で受刑者をどのように扱うかについては，「刑事収容施設及び被収容者等の処遇に関する法律」その他の犯罪者処遇法が規定してい

る。

◇刑罰の種類

　わが国の刑罰の種類は，死刑，懲役，禁錮，罰金，拘留，科料，没収の 7 種類である（9 条）。死刑は生命を奪う 生命刑 であり，懲役・禁錮・拘留は自由を奪う 自由刑，そして，罰金・科料・没収は犯罪者の財産を奪う 財産刑 である。たとえば鞭打ち刑とか，手首切断刑といった身体に直接加害を加える身体刑は「残虐な刑罰（憲法 36 条）」として否定されている——しかし，宗教的背景やその他の理由から身体刑を現在でも採用している国は存在する。懲役と禁錮には無期刑と有期刑があり，有期刑は 1 月以上 20 年以下で（12 条 1 項，13 条 1 項），刑を加重する場合には 30 年まで延長することができ，減軽する場合には 1 月未満まで下げることができる（14 条）。拘留は 1 日以上 30 日未満の自由刑である。罰金は 1 万円以上の額のものをいい，科料は 1000 円以上 1 万円未満の額をいう——罰金や科料を払うことができない場合には，その代わりに労役場に留置され，懲役刑と類似の処遇を受ける。また，没収はそれだけで科すことはできず，死刑その他の刑にプラスしてのみ科すことのできる刑（付加刑）である。殺人に使ったピストルとか，売買された覚せい剤とか，犯罪の報酬としてもらった金銭などを犯罪者から取り上げることを目的とするものである。それらのものを直接取り上げることができないときは，お金に換算して取り上げることができる（これを追徴という—19 条の 2）。

　以上の 7 種類のもの以外は，たとえ国から国民に対して加えられる措置でも，刑罰ではない。たとえば，スピード違反や駐車違反をして交通切符（青切符）を切られたときに振り込む 交通反則金 も罰

1　犯罪同様に刑罰も限定されている

金ではないし，免停処分も刑罰ではなく道路交通の安全を確保するための行政上の処分であるにすぎない。だから，このような処分を受けても前科とはならない。

◈二本立ての制裁システム──刑罰以外の制裁は？

　わが国の刑法は，犯罪に対する法的効果として刑罰しか規定していない。しかし，たとえばドイツ刑法は，保安処分もまた犯罪に対する法的効果として規定している。保安処分とは，精神障害や薬物中毒によって犯罪を行った者に対して行われる再犯防止のための精神病院への収容や薬物の禁絶措置などをいう。犯罪を行ったことに対する行為者への強い非難の意味を持っている刑罰は，当然犯罪を行ったことについて行為者を非難できるのでなければならない（責任の必要性─責任主義）。しかし，精神障害や薬物中毒のために犯罪を行ってしまった者は，非難することはできず刑罰を科すことができなかったり，わずかな刑罰を科すことしかできないが，その精神障害や薬物中毒のために再犯の危険性が高いときに，犯罪防止のために精神障害の治療や薬物の禁絶措置をすることが必要とされているのである。わが国でも，刑法改正作業でその導入が議論され，たとえば刑法改正草案（第3講義参照）では治療処分や禁絶処分に関する規定も存在したが，再犯の危険性に基づいて長期間収容されることについての危惧や，治療よりも保安を重視しているとの批判が強く，刑法への導入にいたらなかった。しかし，2001（平成13）年に大阪で発生した小学生殺傷事件を契機にして犯罪を行った精神障害者に対する法的な対応を求める声が高まり，2003（平成15）年に「心神喪失等の状態で重大な他害行為を行った者の医療及び観察等に関する法律（医療観察法）」が制定され2005（平成17）年から施

161

行されて，保安処分そのものではないが，犯罪を行った精神障害者にある種の治療処分が導入されることになった（第**10**講義参照）。

2 さまざまな刑罰の実相

◇懲役と禁錮のあいだにあるものは

一定の期間受刑者を刑務所に収容する刑罰として 懲役 刑と 禁錮 刑がある。この2つの刑罰は，受刑者の自由を奪い刑務所から出さないという点では共通する自由を奪う刑（自由刑）である。両者の違いは，禁錮刑が受刑者をただ刑務所に入れておくだけであるのに対して，懲役刑は義務として刑務作業に従事させる点にある。もちろん禁錮刑の受刑者も希望すればこの刑務作業をすることができる。これを 請願作業 といい，実際には8割以上の者が従事している。また，この刑務作業による収入はすべて国庫に帰属し――この額は平成27年度は約40億円であった――，受刑者には「作業報奨金」が与えられるが，これはもちろん賃金ではない。この報奨金は原則として釈放されて社会に戻るときに，1カ月分約5000円でまとめて支給される。

刑法では，懲役のほうが禁錮よりも重い刑であると位置づけられている。禁錮刑は，内乱罪，私戦予備罪，中立命令違反罪，公務執行妨害罪，騒乱罪，多衆不解散罪，礼拝所等に対する罪，名誉毀損罪のように政治的信念や宗教的信念に基づいて行われる可能性のある犯罪や，公務員職権濫用罪，特別公務員職権濫用罪，特別公務員暴行陵虐罪のように公務員が職務に熱心なあまり行ってしまうと考えられる犯罪，わざとではなくうっかり重大な結果を引き起こして

2 さまざまな刑罰の実相

しまう過失犯について規定されている。この両者の区別は，犯罪を動機等が道徳的にみて非難すべき破廉恥罪とそうでない政治犯や確信犯といった非破廉恥罪に分け，非破廉恥罪には懲役よりもランクの上の名誉拘禁を与えるというヨーロッパの法制を継受したものである。しかし，禁錮刑が規定してある犯罪数は少なく，禁錮刑受刑者数もさほど多くないのであるから，刑務所内で実際に両者を区別することの意義はほとんどない。さらに，いかに崇高な理想を実現するためであってもそれを犯罪行為を通じて実現することを他の犯罪と区別して高く評価する必要があるかどうかも疑わしい。また，懲役と禁錮との事実上唯一の差異は，義務的な労働があるか否かにあるが，労働を罰として与えるのは労働蔑視につながるという批判も強い。他方で，禁錮刑の方もただ自由を奪って刑務所に閉じ込めておくことがどんな積極的な意味を持つかが問題となろう。刑罰（行刑）が将来の犯罪の防止に役立つためには，職業訓練や本人の更生を目指すためのカウンセリングやその他のプログラムを実施することも必要なのである。

そこで，両者を自由刑として統一するという考え方（**単一刑論** という）が最近では有力に主張されている。刑罰特に自由刑は，犯罪者に対して懲らしめとして苦痛を与えるものではあるが，他方で犯罪者の更生の助けとならなければならない。実際の刑務所での処遇は更生に役立つものでなければならないであろう。また，この点からすると，刑務所に収容することは「ムショ帰り」というレッテルを貼ることになり，社会的差別の原因となってかえって更生の妨害になることもあり，特に刑務所内での更生プログラム等に取り組む時間のない短期の自由刑はむしろ弊害が多く，罰金刑や刑の執行猶予と保護観察を利用して，社会内で更生をはかるべきであるという

163

主張も有力である。さらに，最近では，社会奉仕命令や電子監視などの新たな処分も諸外国で導入されている。

◈**極刑としての死刑の必要性──死刑存廃論**

わが国の刑法では，殺人罪や強盗殺人罪，放火罪や内乱罪といった一定の犯罪に 死刑 が規定されている。また11条で死刑は絞首刑で行うものとされ，刑事訴訟法475条以下では死刑の執行手続が規定されている。

死刑は生命を奪う極刑であり，第二次世界大戦後ヨーロッパを中心に死刑廃止国が増加している。また，1989年に国連で採択された「国際人権規約」の「市民的及び政治的権利に関する国際規約の第二選択議定書」に随意項目として死刑廃止が入れられてもいる。さらにヨーロッパ連合は死刑廃止を決定し，死刑廃止を加盟資格にしている。しかしながら，他方で，わが国では，憲法31条は必ずしも死刑を否定しておらず，また，最高裁判所は「死刑は憲法36条にいう残虐な刑罰にあたらない」として合憲判断を下している。最近では，凶悪犯罪に対する厳しい処分を要請する世論の高まりや犯罪被害者の保護要請の高まりなどの影響のもとに死刑判決が増加傾向にある。

死刑廃止論 の根拠は，①人道上の見地から，死刑は野蛮かつ残虐であること，②国家は，国民に殺人を禁止する一方で，死刑という国家による殺人を認めるのは矛盾であること，③国家が自ら与えることのできない生命を奪うことは許されないこと，④死刑囚に対する改善の余地がなくなること（教育刑），⑤刑の宣告の場面では応報が前面にでてくるが，行刑の場面では更生・社会復帰が前面にでてくるというような動的な刑罰の性格からみて不適切であること，

2 さまざまな刑罰の実相

⑥犯罪者・一般人に対して威嚇力がないこと，⑦誤判の場合には回復が不可能であること，⑧被害者遺族は死刑によって救済されないことなどである。

これに対して，**死刑存置論** は，①と②と③については，生命を奪った犯罪こそ非人道的であり，その場合には国家が生命を奪うことも許されること，④と⑤については，刑罰の目的は応報や贖罪にあること，⑥については，死刑には威嚇力があること，⑦については，誤判は死刑に限られないこと，⑧については，死刑によってある程度は救済されること，などの反論がなされている。

最高裁は，死刑自体の合憲性を認めており，また，1983（昭和58）年の「**永山事件判決**」において，死刑の適用基準として，罪責の重大性，罪刑の均衡，一般予防の見地などを掲げたが，2006（平成18）年の「**光市母子殺害事件上告審判決**」において，被害者遺族感情という要素を重視する判断を示した。

死刑を廃止すると凶悪犯罪が増加しないだろうか。極刑としての死刑しか考えられないような凶悪犯罪があるのではないだろうか。死刑に無期懲役にはない固有の機能は本当にあるのだろうか。誤判の可能性がゼロにならない限りは，執行してしまえば回復不可能な死刑はやめるべきではないだろうか。終身刑は死刑の代わりとなりうるのだろうか。死刑と終身刑とはどちらが残虐なのだろうか。死刑を執行する人たちの苦悩も考えるべきではないだろうか……。このように，死刑の存廃問題をめぐっては Yes/No と単純に言い切れない問題が山積していて，態度決定が難しい。しかし，だからこそ，しっかり考えてみる必要があることは確かであろう。

Bridgebook

第14講義
犯罪の「算数」の仕方

罪数と量刑

1 1つの罪

◈ もともと1つの場合（本来的一罪）

　抗争相手の組長がリゾートのベンチで上半身裸になり日光浴をしているとき，その心臓を果物ナイフで一突きして殺害したヒットマンの罪は，多く見積もっても少なく見積もっても，殺人罪1つだけであり，こうした場合には，犯罪の「算数」である罪数論が登場する余地はない。

　では，この組長が，イタリア製のスーツを着て，レストランで食事中だったらどうだろう。果物ナイフで刺され，血まみれになったスーツは，もはや処分するしかないだろう。では，殺人罪に加えて，器物損壊罪も成立するのだろうか。答えから言うと，この場合には殺人罪だけが適用されるのだと考えられている。このように，いくつかの構成要件が適用されそうなのに，それぞれの構成要件の関係からみて，1つの構成要件しか適用されない場合を，**法条競合** と呼んでいる。

　では，国立大学の教員が，成績の悪い学生に，「単位が欲しけれ

ば10万円持ってきなさい」と「要求」し，この学生がこれに応じ，次の日に研究室に届けるという「約束」がなされ，次の日にこの学生が持ってきたお金を受け取った（「収受」した）らどうだろうか。みなし公務員である国立大学教員によるこれらの行為は，順に，賄賂要求罪，賄賂約束罪，賄賂収受罪になるが，結局は，1つの収賄罪としてまとめて評価される。このように，ある構成要件が，いくつかの行為を予定していて，それらが手段・目的とか原因・結果の関係にあるときには，1つの構成要件によって包括的に評価されるのである。このような場合を，包括一罪と呼んでいる。

◇**いくつやっても1つの場合（科刑上一罪）**

先ぼどみた組長殺しの場合には，結局1つの構成要件しか適用されないから当然に一罪であるが，2つ以上の構成要件が適用されるのに，刑を科すにあたっては1つの罪として扱われる場合がある。

たとえば，先ほどの組長の横に組長の愛人のホステスがいて，ヒットマンが組長を目がけて撃ったピストルの弾がホステスにもあたり，死なせてしまったとしよう。ホステスにも当たっても仕方がないと思っていた場合はもちろんのこと，判例によればそう思っていた場合でなくても，ホステスに対しても殺人罪が成立する（法定的符合説の数故意犯説）。しかし，ここでは特別な扱いがなされる。つまり，刑法54条1項によれば，「1個の行為が2個以上の罪名に触れ」る場合には「最も重い刑」で処断されるのである（観念的競合）。この事案では，どちらも殺人罪であるが，もともとねらって殺した組長のほうで代表させ，その者に対する殺人罪一罪の刑で処断することになる。

このような扱いがなされるのは，なぜだろうか。それは，1つの

第 14 講義　犯罪の「算数」の仕方

行為しかやっていないということは，規範を破るという意思が１つしかないということだから，それがいくつもある場合よりは責任が軽いからだと考えられている。

　続いて，刑法 54 条１項に規定されている，もう１つの場合をみておこう。たとえば，お金持ちそうだが不用心にも鍵のかかっていないお屋敷を見つけた泥棒が中に侵入し，たんす預金してあった大金を盗んでいったとしよう。このような事案では，住居侵入罪と窃盗罪が成立することは間違いない（数罪）。しかし，住居侵入罪というのは，侵入した家の中で盗んだりするための手段として行われるのが普通で，住居侵入だけを目的とする犯人はあまりいないだろう。このように，「犯罪の手段若しくは結果である行為が他の罪名に触れるとき」にも，「その最も重い刑により処断」されることになる（牽連犯）。それゆえ，先ほどの泥棒は，結局，窃盗罪一罪の刑で処断されることになる。

　このような扱いがなされるのは，なぜだろうか。この泥棒は，結局，住居侵入・窃盗というひとまとまりの犯罪をやっていて，規範を破るという意思は実質１つしかないから，それがいくつもある場合よりは責任が軽いのだ，と説明する見解が多いが，最近では，たとえば，住居侵入罪は，住居の中で行われる犯罪（窃盗や強制性交など）を前もって防ぐためのものだから，住居侵入罪の悪さは，住居の中で行われる犯罪に一部含まれているので，その分だけ違法性が軽いのだ，と説明する見解も登場している。

168

2 複数の罪
——1.5 倍にアップ

◈懲役 300 年という判決は出るか？

残念ながら（?），こうした判決は，わが国では下されない。刑法14条2項が30年までしか上げてはだめだと規定しているからである。さて，法定刑がアップする場合の1つとして，*1*でみた「1つの罪」として扱われない場合，つまり，併合罪の場合がある。これは，厳密には「確定裁判を経ていない2個以上の罪」のことである（45条）が，最初のうちは「併合罪というのは何個かの罪で，一罪として扱われない場合だ」という感じで理解しておけば十分だろう。

併合罪になる場合でも，その取扱いはいろいろで，たとえば，強盗殺人罪で死刑を科されるときには，飲酒運転の刑は科されないというように，「他の刑を科さない」場合（46条），あるいは，傷害罪で懲役刑を科せられるときに，器物損壊の罰金刑も科せられるというように，「併科する」場合（48条）などがある。

では，懲役刑が科せられる罪が2つの場合は，どうなるのだろうか。これは，刑法47条に規定されていて，「その最も重い罪について定めた刑の長期にその2分の1を加えたものを長期とする」（47条），要するに，一番重い犯罪の法定刑の上限が1.5倍になるのである。わが国の刑法では，期限のある懲役は20年までと決まっているので（12条1項），1.5倍だと30年で，14条2項の上限いっぱいになるのである。

たとえば，①通行人をぶん殴って，ついでに，駅の売店で盗みをした場合には，傷害罪の法定刑の上限は懲役15年，窃盗のそれは

懲役10年だから，15年を1.5倍し，懲役22.5年（22年6月）以下という枠ができることになる。これに対し，②通行人をぶん殴って，ついでに，駅の時刻表を壊した場合には，器物損壊の法定刑の上限は懲役3年だから，15 × 1.5 ＝ 22.5とはならず，47条ただし書（「それぞれの罪について定めた刑の長期の合計を超えることはできない」）により懲役18年以下という枠になる。

◇刑法47条の規定は犯人に損か得か？

①の場合には，単純に足せば，15 ＋ 10で懲役25年以下になるはずが，22.5で10％引きになるから，併合罪の規定は，行為者に有利に働くことになる。しかし，傷害罪だけみれば15年が1.5倍になるのだから，その行為者が他に何か罪を犯していれば，実質的に傷害罪の法定刑を超えて重く処罰することも可能になりそうである。

このことが問題になったのが，新潟監禁事件である。この被告人は，小学生の女の子を逮捕監禁し，自宅内に9年2カ月にわたり監禁し，傷害を負わせたほか，監禁中の女の子に着せるための下着を万引きした。平成16年改正前は監禁致傷罪の法定刑の上限は懲役10年（現在は15年）で，窃盗のそれも懲役10年なので，47条により懲役15年以下という枠ができる。監禁致傷でこれ以上ひどい事件はあまり考えられないから，上限いっぱいで10年を選んだとしても，この事件の窃盗は，どう重くみても懲役1年以下のものなので，その1年を足しても11年にしかならないのではないか。2審の東京高裁は，そのように考えた。これに対し，最高裁は，そんな風に1つ1つの罪についてばらばらに計算してから足すという考え方は法律では予定されていないから，事件全体をトータルでみる

べきだとして，懲役14年を言い渡している。

3　刑法に定められている刑と裁判官による実際の量刑

◇法定刑・処断刑・宣告刑

　刑法第2編に規定されている罪の構成要件は，1人の行為者が構成要件を完全に実現した場合を想定して，それに対する刑を定めている。これを **法定刑** といい，たとえば，殴り合いのけんかをして相手を死なせてしまった場合は，傷害致死で，3年以上20年以下の懲役となる。しかし，この行為者が，心神耗弱であれば，刑法39条2項により刑が必ず減軽されるから，刑法68条により，1年6月以上10年以下の懲役となる。心神耗弱は，「法律上の減軽」の例であるが，そのほかにも，累犯加重，2 でみた併合罪の加重，酌量減軽がある。累犯というのは，「懲役に処せられた者がその執行を終わった日」から「5年以内に更に犯罪を犯した場合」などであり，「再犯の刑は，その罪について定めた懲役の長期の2倍」になる。また，酌量減軽というのは，「犯罪の情状に酌量すべきものがあるとき」の減軽で，法律上減軽される場合でも認められる。

　法定刑にこのような加重・減軽を行って出てくる枠を **処断刑** という。そして，裁判官は，この処断刑の枠内で具体的に言い渡す刑の量（**宣告刑**）を判断することになる。

◇量刑相場がある安心感？

　わが国の刑法には，**量刑の基準** を示す規定は置かれていない。しかし，刑罰が犯人の犯した罪に対する応報的制裁であることは間違

第14講義　犯罪の「算数」の仕方

いないから，不法と責任の量（犯情）が何より重視され，責任刑という大枠ができあがる。そして，前科，反省，被害弁償など，狭い意味での犯情には必ずしも含まれないさまざまな事情が考慮されて，ワンランク程度の微調整が行われているのである。

　では，飲み屋で隣の席の客とけんかになり殺してしまったという場合，いったいどれだけの刑になるのだろうか。殺人罪の法定刑は懲役5年から無期懲役・死刑まであるが，いったいどのような刑が妥当なのだろうか。

　1つの考え方は，量刑スケール論というもので，これ以上ない凶悪な事案を法定刑の上限，これ以上ない些細な事案を下限とした目盛り（スケール）を考え，実際に起きた事案をその目盛りに当てはめればよいというものであるが，目盛りをどのように刻んだらよいのか，実際に起きた事案をその目盛りに当てはめることがうまくできるか，など解決を迫られている問題が多く残っている。

　そこで頼りになるのは「量刑相場」である。わが国では，裁判官によるこれまでの量刑の実務が積み重ねられる中で，「これくらいの事案ならこれくらいの刑になる」という，おおよその目安（量刑相場）ができあがってきており，それが裁判官に対する先例的な意味合いを持っているのである。そのような，刑法に書かれていない「相場」によって量刑が決まるのは妥当でないという考え方もありうるが，他方，A裁判官に裁かれるかB裁判官に裁かれるかによって，同じような事案なのに量刑がかなり違うというのでは，法の下の平等に反し，妥当でないであろう。その限りでは「量刑相場」には重要な意義が認められるのであり，近年にいたるまで，この相場はあまり変動せず，安定的な判断をもたらしてきたのである。

172

◇世論の影響と裁判員制度

筆者が大学生のころには「人を1人殺しても懲役10年にもならない」と言われていたが，現在では10年を幾分超えていると言われている。つまり，近年，量刑は重くなってきているのである。これは，被害者の声とそれに共感を示す世論の影響でもある。犯罪者の側には，もともと有利な事情は乏しいのだから，被害者の声とそれに共感を示す世論が量刑実務に影響を与えれば，量刑は無限に上がっていくことになるのは当然といえば当然であろう。

そして，刑罰は犯罪に釣りあったものでなければならないといっても，わが国の刑法には「人殺しには死を！」とは書かれておらず，死刑又は無期若しくは5年以上の懲役という幅広い法定刑が規定されているのだから，どのような刑を科せばよいのかははっきりしない。人から100万円をだまし取った場合，詐欺罪の法定刑は罰金刑ではなく10年以下の懲役となっているが，では懲役何年にするべきなのだろうか。女子高生を1年間監禁して屈辱的な思いをさせた場合には，その1年と刑務所の1年は同じ値打ちなのだろうか。これはどれも答えの出しにくい問題であろう。その限りでは，裁判官がこれまで形成してきた「量刑相場」が国民の目からみて「低い」と批判されたときに，その批判がもっともなものなのかを検証するのはとても難しいことである。

しかし，忘れてはならないことは，懲役などを科す場合，その犯罪者はまた社会に戻ってくるのだということである。重い刑を科して「塀の向こう側」に追いやったつもりになっておしまいにするわけにはいかない。被害者の保護・被害感情の宥和を十分に考えながら，他方で，犯罪者を再び社会の一員として受け止めなければならないことを前提として，どれだけの刑罰を妥当とみるべきか，そう

第 14 講義　犯罪の「算数」の仕方

いう複眼的な考え方こそが重要なのである。

　一般の国民は，そんな面倒なことは考えず，「犯罪（者）を憎み被害者に同情する」ことが大事で，犯罪者の社会復帰などの事情は専門家が考えればよいと割り切る考え方も，これまでならありえたであろう。しかし，そういうわけにはいかなくなった。2009（平成21）年 5 月 21 日より **裁判員制度** が始まり，一般の国民が量刑判断にも裁判官と同等の立場で関わることになった。そこでは，一般の国民も，被害者の側だけに立つのではなく，犯罪者の事情も十分に酌んだ上で，その事件にとって最も適切な刑を判断することが求められているのである。そして，幸いなことに，多くの裁判員は，犯罪者の処遇やその先の社会復帰を見据えて判断を行っているように思われる。

Bridgebook

第15講義
刑法の効果が及ぶ5W1H

刑法の適用範囲

1 いつでも，どこでも，誰にでも……とはいかない
―― 刑法の適用範囲

　当たり前のことだが，刑法は万能ではない。その適用についても，犯罪が実行されさえすれば，いつでも，どこでも，誰にでも可能という訳にはいかず，さまざまな観点から制約が加えられている。言い換えれば，刑法を適用するために必要な5W1Hがそろわなければ，「使えない」のである。とりわけ，"when"（時間），"where"（場所），"who"（者）の3つのポイントについては多くの重要な制約が存在する。そうした制約には，罪刑法定主義や責任主義など近代刑法の諸原則から導かれたものもあれば，効果的な取締りや限りある人と予算の有効活用など政策的な判断として導かれたものもある。

2 刑法の効果が及ぶ "when"

　刑法の効果は永遠ではない。では，刑法の効力 は，いつ生じ，い

175

つ失われるのであろうか。

◈今からは，犯罪！

　刑法を含む法律は，「制定」→「公布」→「施行」の過程を経て，その効果を発揮する。このうち，「制定」とは，国会で法案が可決されることを指す。また，「公布」とは，制定された法律を国民に周知させるため，官報に掲載するなどして，国民が知りうる状態に置くことをいう。さらに，「施行」とは，法律の規定が，実際に効力を持つようになることを意味し，一般的には，法令ごとに定められた施行期日から効力を持つようになることが多い。こうした規定を設けていない場合には，法令の施行期日は，「公布の日から起算して 20 日を経過した日」とする（法の適用に関する通則法 2 条）。

　第 5 講義でみたように，罪刑法定主義のうち刑法不遡及の原則から，刑法は施行以後に行われた犯罪に対してのみ適用が許され，それ以前に遡って適用することは許されない（憲法 39 条前段）。同様の趣旨に基づき，犯罪の実行後に，法定刑が引き上げられた場合も，重くなった刑罰を適用することはできない。

　したがって，たとえば，2030 年 4 月 1 日に制定された未来の刑法で，新しく犯罪と定められた「企業秘密漏示罪」を 2031 年 1 月 1 日に実行した者がいたとしても，新刑法の施行日が，それよりも後の 2031 年 4 月 1 日と定められていれば，その行為に対して，新刑法を適用することはできない。また，同様に 2030 年 4 月 1 日に制定され，施行日が 1 年後に定められた新刑法で，現行刑法でも犯罪である窃盗罪（235 条）に対する法定刑の上限が懲役 10 年から 15 年に引き上げられた場合に，2031 年 1 月 1 日に窃盗が実行されれば，これに対して科すことができる刑罰の上限は懲役 10 年にと

176

どまる。

◇ **これからは，犯罪じゃない！**

これに対して，法律の効果は，その法律が廃止されたときに終わる。法律そのものだけでなく，その一部のみが削除されることもある。たとえば，刑法では，1947（昭和22）年に，皇室に対する罪（73〜76条）や姦通罪（183条）が，新憲法の理念にそぐわないとして削除された。したがって，1948（昭和23）年以後は，皇族に対する批判を公言しても，既婚女性が不倫をしても，犯罪ではなく，刑罰を科されることもない。

さらに，法律の全部または一部が改正されれば，施行された時点で，その法律の古い部分は効力を失うことになる。

◇ **犯罪後に刑が変更されたとき**

刑法不遡及の原則は，行為者に不意打ちを食らわすことになるから，行為後に作られたり，改正された規定を適用することを禁止している。だとすると，行為の時点で施行されていた刑法を適用することが常に正しいということになる。ところが，刑法6条は，「犯罪後の法律によって刑の変更があったときは，その軽いものによる」と規定し，行為後に，法定刑を引き下げる法改正が実施された場合には，改正後の軽い法定刑の範囲で処罰すべきとしている。これは，法改正によって，法定刑が引き下げられたということは，その犯罪に対する社会の評価が以前に比べて軽くなっていることを意味することから，不必要に重い刑罰を科すことを避けることが，行為者の利益にも適うという考えに基づくもので，刑罰不遡及効の例外と言えよう。同様の趣旨から，実行した時点では，まだ犯罪であ

177

った行為が，裁判までに犯罪でなくなった場合も，行為者は処罰されず，免訴となる（刑事訴訟法 337 条 2 号）。

　ただし，刑法 6 条に従えば，共犯者のうち一方は，犯罪の実行後に反省して自首し，犯罪事実をすなおに認めたため，裁判も早く始まり，改正前の重い法定刑を適用されたが，他方は，反省もせずに逃げ回り，逮捕された後も，最後まで否認したために，裁判のスタートが遅れて，改正後の軽い法定刑が適用されたというような問題が生じてしまい，不公平感が残ることは否めない。

3　刑法の効果が及ぶ "where"

　時間的な限界だけでなく，日本の刑法が及ぶ地理的・場所的範囲にも限界がある。次に，こうした場所的な範囲についてみていきたい。

◇どこまでが日本？

　刑法 1 条 1 項は，日本国内で行われた犯罪（国内犯）については，刑法の適用があると定めている（属地主義）。日本国内とは，日本の領土，領海（海岸から 12 海里までの海域），領空を意味する。このほか，日本籍の船舶内および航空機内で行われた犯罪も国内犯として処罰される（1 条 2 項）。

　したがって，日本国内であれば，日本国籍を有する者だけでなく，外国人が犯罪を犯しても，日本の刑法を適用することができる。外国籍の船舶内での犯罪には，日本の刑法の適用は及ばないが，船舶が日本の領海内にあるときは，日本の刑法が適用される。

178

3 刑法の効果が及ぶ "where"

◈どんなときに「日本国内で行われた」ことになる？

日本国内で行われた犯罪といえるためには，必ずしも，結果が日本国内で発生することを要せず，構成要件の一部が日本国内で認められれば良い（**遍在説**）。たとえば，海外からの国際電話で，日本国内の被害者を脅したり，日本国内で約束した賄賂を海外で渡したりした場合も，構成要件の一部が日本で認められるので，脅迫罪（222条1項）や受託収賄罪（197条1項）は成立する。共犯である幇助犯や教唆犯の場合は，手助けする行為やそそのかす行為が海外で行われたとしても，正犯について，構成要件の一部が日本国内で認められれば，国内犯として処罰される。

さらに，最近では，インターネット上に開設したホームページにわいせつ画像データをアップするなどして，アクセスしたユーザーがわいせつ画像を入手可能にする行為に，わいせつ物公然陳列罪（175条）が適用される例が増えているが，データをアップしたサーバーコンピュータが海外に設置されている場合でも，データを発信した端末コンピュータが日本国内にあれば，実行行為の一部が日本国内で認められるので，わいせつ物公然陳列罪が成立することになる。

◈日本人が外国で重い犯罪を犯したとき

刑法1条1項に定められた属地主義には，例外が設けられている。その1つが，犯人が日本人である限り，犯罪が外国で行われたとしても，刑法を適用する（**属人主義**）という刑法3条の規定である。同条には，日本人が，放火罪，強姦罪，殺人罪，強盗・窃盗罪といった比較的重い犯罪を外国で行っても，刑法の適用があると定めら

れている。したがって，海外でこれらの犯罪を犯した日本人は，日本の刑法によって処罰される。これは，すでに犯罪を犯した国で，刑事裁判を受けている場合でも変わらない（5条）。ただし，海外で言い渡された刑の全部または一部の執行を受けている場合には，その点が考慮され，刑の執行が必ず減軽または免除される。

また，刑法4条は，職権濫用罪（193条）や賄賂罪（197条等）などが，日本の公務員によって海外で行われた場合にも処罰することを定めている。したがって，公務員が，海外で約束した賄賂を海外で受け取ったときは，国内犯としては処罰されないが，刑法4条によって，なお処罰される。

◇ **日本人が被害者となったとき**

属地主義によれば，日本人が，海外で犯罪の被害者になった場合，加害者の処罰は，原則として，その国に委ねられる。しかし，社会の国際化が進む一方で，日本人が重大な犯罪の標的となるケースも増加し，国民を保護するために，そうしたケースへの日本の刑法を適用する必要性が高まっていた（保護主義）。そこで，2003（平成15）年の刑法改正において，新たに3条の2が設けられ，海外で，外国人が，日本人に対して，殺人，強姦，傷害，強盗等の重大な犯罪を行ったときには，日本の刑法が適用されることになった。

なお，刑法2条も，効果的な法益の保護を図るために，内乱罪（77条1項等），外患罪（81条等），通貨偽造罪（148条1項等）などについて，海外で何人が犯した場合でも，日本の刑法を適用することを定めている。

4 刑法の効果が及ぶ "who"

　属地主義からすれば，日本国内で犯罪を実行した者は，日本人で
あれ，外国人であれ，日本の刑法の適用を受けることになる。とこ
ろが，それにもかかわらず，一定の地位にあることを根拠に，処罰
を免れることが認められている者がいる。

◇国際法上の特別な地位
　国際法上の慣習により，外国の元首，外交官，使節は，日本の裁
判権が及ばない。また，日本に駐留するアメリカ合衆国の軍隊の構
成員とその家族についても，日米地位協定に基づき，一定の犯罪に
ついて，アメリカ合衆国軍事法廷が，一次的裁判権を有すると解さ
れている。これらのケースでは，刑法の適用は受けるが，裁判の対
象にならないと考えられている。

◇国内法上の特別な地位
　憲法51条は，衆議院議員と参議院議員の国会議員について，そ
の独立性を保障するため，「議院で行つた演説，討論又は表決につ
いて，院外で責任を問はれない」と定めている。また，憲法75条
は，国務大臣についても，「その在任中，内閣総理大臣の同意がな
ければ，訴追されない」と規定している。これらは，刑法の適用の
対象ではあるが，その地位の重要性を考慮して，一定の場合，処罰
しない旨を定めたものと解されている。
　他方，皇室典範21条には，「摂政は，その在任中，訴追されな

い」という規定が置かれている。これは，その地位の特殊性を理由に，刑法の適用は可能であるが，訴追はできないとしたものと言えよう。さらに，天皇についても，明文規定は置かれていないが，同様に在任中の訴追はあり得ないと解されている。

第3部　犯罪のカタログ

Bridgebook

第16講義
今日本で犯罪とされていること

刑法各論の意味

1 今日本で何が犯罪とされているのか

◇犯罪カタログとは何か

　犯罪とは，法によって禁止され，それを行うと刑罰が加えられる行為である。犯罪カタログとは，刑罰の対象となる行為の一覧表のことである。もちろん，その犯罪カタログのうちの最もメインとなるものは，刑法典第2編「罪」（77条から264条）に挙げられている一覧表である。しかしながら，それ以外のところにも犯罪カタログはたくさんある。たとえば，「暴力行為等処罰ニ関スル法律」，「軽犯罪法」，「爆発物取締罰則」，「人の健康に係る公害犯罪の処罰に関する法律」といった刑法典とは別の個別の刑法の形で作られているものもある。また，「道路交通法」，「公職選挙法」，「覚せい剤取締法」などの法律の中で一定の違反行為について刑罰を科すことを明らかにしている個々の規定も犯罪カタログである。法律の名前や形式と関係なく，ともかく刑罰を加えることが予定されていれば，それらはすべて犯罪カタログに算入される。このような刑法典以外の犯罪カタログを **特別刑法** という。この特別刑法の中には，「暴力

行為等処罰ニ関スル法律」や「軽犯罪法」などのように，刑法典の犯罪カタログを増加・拡張し補充するという意味を持ったもの（これを狭義の特別刑法という）と道路交通法などのように行政法上のルールの遵守を刑罰で確保するという目的のもの（これを行政刑法という）とがある。

　大学の講義科目での刑法各論は，この犯罪カタログの意味（個々のカタログに該当する行為の範囲・射程）を明らかにするための分析を行うものである。その意味では，各カタログの個性分析を行うものである。たとえば，傷害罪と暴行罪はどこがちがうか，傷害罪の傷害は，日常用語の傷害とどのようにちがうかなどを学ぶことになる。これに対して，刑法総論はすべての犯罪に共通して備わっている要素を分析するものである。

◇犯罪カタログにリストアップされる条件は？

　犯罪カタログにリストアップされるための条件は，その行為が刑法が刑罰を加えてでも阻止したい行為だということにつきる。そして，それは刑法が刑罰を使用して守ろうとしている「一定の価値を持つもの」を害する行為だということである。私たちが社会的活動に自由かつ平等に関与し安全かつ円滑に行動できることが，個人や社会全体の発展のために必要不可欠であるが，刑法は，刑罰を使用して，この社会的活動に関与するために必要な個人的な利益や安全かつ円滑な社会生活を保障する社会的・国家的な仕組み・制度を守ろうとしている。この個人的な利益や社会的・国家的な仕組み・制度は，犯罪カタログにリストアップされた個々の犯罪においては，個々の犯罪を処罰することによって守られる利益（法益）として位置づけられることになる。この法益は，条文に書かれているもので

185

はなく，たとえば199条は殺人行為を処罰することで人の生命を保護しようというように，各条文が規定する行為を処罰することでどんな利益を保護しようとしているのかという観点から解釈することによって確定されるものである。そして，このような法益としては，生命・身体・財産といったように具体的なものから，公共の安全とか，公務に対する信頼とか，現在の政治体制といった抽象的なものまでが考えられることになる。刑法は，犯罪カタログを作成して刑罰を利用してでも特定の法益を守ることを宣言しているのである。その意味で，法益の存在しない犯罪はないのであり，また各犯罪の個性を第1に特徴づけるのはこの法益であるということができる。

◈犯罪カタログの分析方法

犯罪カタログの分析の第1ステップは，個々の犯罪規定の 法益 は何かを明確にするということである。その保護すべき法益が誰に帰属するのかによって，犯罪は個人的法益に対する罪，社会的法益に対する罪，国家的法益に対する罪に3分類される。社会的法益とは，個人的な利益以外の利益（公益）のうち，国および国の機関の存立や機能に関する利益を除いたものすべてがこれに含まれる。刑法典77条以下の犯罪カタログをみると，77条以下で国家的法益に対する罪，106条から社会的法益に対する罪，199条から個人的法益に対する罪という順序で並べられている（ただし，193条から198条の汚職に関する規定は国家的法益に対する罪であり，その意味では条文の配列の若干の例外となっている）。

この犯罪カタログの順序については，その並べ方それ自体が明治憲法下でつくられた刑法典が持っている価値基準——国家を第1位

に置き重視するという価値基準——を示したものであり，国民主権・個人の尊重を宣言する日本国憲法の価値基準にあわせて，個人的法益→社会的法益→国家的法益の順序にすべきであるという批判も強い。そして，実際に現在存在する大部分の刑法各論についての教科書は，このような考え方を反映して個人的法益→社会的法益→国家的法益というような順序で構成されている。そして，大学の講義もこの順序で行われることが多い。

2 犯罪カタログに実際にリストアップされているものは？

◎個人の利益を守るための犯罪カタログ——個人的法益に対する罪①

個人を法益主体とする個人的法益に対する罪は，個人の持つ利益——生命，身体，自由，名誉，秘密，信用，財産などの利益——を刑罰を利用して保護しようとするものである。そして，刑法典は，それらの利益の重要度によって処罰の仕方や処罰範囲を変えている。

222条の脅迫罪に関する条文は，「生命，身体，自由，名誉又は財産に対し……」と規定しているが，ここでの順序は刑法典の前提とする個人的法益の重要度の序列を示しているとみることができよう。そして，それは個人的法益に対する罪の犯罪カタログでの規定の順序にも反映されているのである。

◎生命・身体・自由を守る罪——個人的法益に対する罪②

個人的法益 に関する罪の最初に位置づけられている生命・身体に関する犯罪群は，生命・身体は個人がその他の利益を利用して社会生活を営む上で土台となる利益であるから，刑罰によって包括的な

187

第 16 講義　今日本で犯罪とされていること

保護が目指されている。たとえば,「人を殺した者は……」と規定する殺人罪（199 条）も「人の身体を傷害した者は……」と規定する傷害罪（204 条）も,殺害や傷害の手段・方法を限定せずともかくも人を殺した者や人を傷害した者をすべて処罰しようとしており,またわざと殺害や傷害をした場合だけでなく不注意による場合も含めてすべて処罰しようとしている（過失致死（210 条）,過失傷害（209 条））。さらに特に殺人については,既遂や未遂の場合だけでなく準備行為も殺人予備（201 条）として処罰すると同時に,依頼を受けたり承諾を得て殺害する場合や自殺を勧めたり助けるという形で他人の自殺行為に係わる場合までも処罰の対象としている（202 条）。

　その上また,実際に生命が侵害されたり身体が傷害された場合だけでなく,生命・身体の危険を生じさせる行為も遺棄罪（217・218 条）として犯罪カタログにリストアップされている。人を殴ったり蹴ったりというような物理的な力を人の身体に加えて傷害にいたらなかった場合を処罰する暴行罪（208 条）も,身体の安全を害する行為として理解することができる。

　次に位置づけられるのは自由に関する犯罪群である。自由は,生活のさまざまな場面でさまざまな機能を果たしているので,その自由の意義や機能ごとにさらに犯罪カタログが分類されている。このグループに属するものとしては,意思決定ないし意思実現の自由に関する脅迫罪・強要罪（222 条・223 条）,行動の自由・移動の自由に関する逮捕・監禁罪（220 条）や略取誘拐罪（224 条以下）,性的な自己決定権（誰と性的行為を行うかに関する個人の自由）に関する強制性交等罪・強制わいせつ罪（176 条・177 条）,準強制わいせつ及び準強制性交等罪（178 条）,監護者わいせつ及び監護者性交等罪（179 条）などを挙げることができる。

188

とくにこれらの性犯罪については，被害者の人格や尊厳を著しく侵害する犯罪である点を重視し，2017（平成29）年の刑法改正（2017（平成29）年法律第72号）により，強姦罪の法定刑の下限を引き上げると共に強姦と同等の悪質性・重大性があると考えられる強制わいせつ行為を併せて処罰する形で177条に強制性交等罪が規定され，また親告罪を非親告罪にするなどの法整備が行われた。

◇**名誉・信用・財産を守る罪──個人的法益に対する罪③**

さらに名誉や秘密・信用その他を法益とする犯罪群は，プライバシィーを含む私的生活領域を保護しようとするものである。このリストには，私的な生活空間の平穏の保護を目的とする住居侵入罪・不退去罪（130条）や個人情報を保護する信書開封罪（133条）・秘密漏示罪（134条），さらには個人に対する社会的評価の保護に関する名誉毀損罪（230条）・侮辱罪（231条），経済活動を中心とした社会的な活動環境の保護を目的とした信用毀損罪（233条）と業務妨害罪（233条・234条）が含まれる。

最後に財産に関する犯罪群には，被害者の意思に反して財産を奪う窃盗罪（235条）・強盗罪（236条）や被害者をだましたり脅したりすることで財産を交付させる詐欺罪（246条）と恐喝罪（249条）を中心として，さらには他人から預かった物を勝手に消費してしまう横領罪（252条）や落とし物を猫ばばしてしまう遺失物横領罪（254条），そして，他人の物を壊したり隠してしまう毀棄・隠匿罪（258条以下）がリストアップされている。また，──たとえば，銀行の貸付係が貸付規則に違反して十分な担保をとらずに貸付をし，その貸付金が焦げついて銀行に損害を与えてしまった場合のように──他人の事務を担当している者がその任務に背いて本人に損害を

第 16 講義　今日本で犯罪とされていること

与えてしまう背任罪（247条）も特に企業活動を前提とした犯罪として挙げられている。さらに，盗品と知りながら買い取ったりもらい受ける行為を処罰する盗品に関する罪（256条）は，盗品が窃盗犯人等の手から転々として移動して所有者が取り戻すことが困難になることを防止するとともに，窃盗犯人が盗品を売りさばくことを容易にすることで窃盗を行いやすくし，そのことにより窃盗を誘発することを防止しようとするものである。

特に詐欺罪は，「振り込め詐欺」のように個人の生活場面で一定の私人間で発生することもあるが，詐欺商法のように企業活動の形態をとって行われることもしばしばあり，たくさんの被害者と莫大な被害を発生させることが最近深刻な社会問題となっている。

◇安全で円滑な社会生活を営むための犯罪カタログ──社会的法益に対する罪①

社会的法益 に対する罪は，安全で円滑な社会生活を営むために必要な公共財を守ろうとするものである。これは，社会生活の安全に対する罪と取引手段の安全に対する罪，公衆の健康に対する罪，風俗に対する罪にグループ分けすることができる。

社会生活の安全に対する罪には，①多人数の集団が暴行や脅迫を行うことで一地方の平穏を害する騒乱罪（106条）と暴行・脅迫を行うために集合した集団が警察官から解散の命令を受けたのに解散しないことを処罰する多衆不解散罪（107条），②建造物やその他の物を燃やして，その周辺の住民の生命・身体・財産に対して重大な危険を発生させる放火罪や失火罪，さらに火薬やボイラーなど激しく爆発する物を破裂させたりガス・電気・蒸気を漏出などして周辺住民の生命・身体・財産に対して重大な危険を発生させる罪（108

条～118 条），③水の破壊力を利用して周辺住民の生命・身体・財産に対して重大な危険を発生させる出水罪（119 条～123 条），④公共交通機関や交通施設に対する攻撃・侵害行為によって公衆を危険にさらす往来妨害罪（124 条～129 条）が含まれる。

これらは，すべて不特定多数の人々の生命・身体・財産に危険をもたらす犯罪であるから，公共危険犯と呼ばれる。これらの犯罪行為が持っている危険が実現してしまうと，多数の生命・身体・財産に深刻な被害を発生させてしまうことになることを重視して，危険性を持った行為それ自体を重く処罰して危険の発生それ自体を阻止しようとしている。その意味で，これらの犯罪はすべて危険を犯罪結果として処罰する危険犯である。

◇取引手段の安全に対する罪——社会的法益に対する罪②

次に取引手段の安全に対する罪は，社会生活を円滑に営むために，経済取引を中心としたさまざまな活動場面でその手段として利用される通貨，印章や署名，文書や電磁的記録（磁気テープ，CD‐ROM など），有価証券（手形，小切手など），支払用カード（クレジットカードその他）に対する社会的信頼を害するような行為を処罰するものであり，通貨偽造罪（148 条以下），文書偽造罪（154 条以下），有価証券偽造罪（162 条以下），支払用カード電磁的記録に関する罪（163 条の 2 以下），印章偽造罪（164 条以下）の 5 グループからなる。

取引手段の安全に対する罪の中でも，特に通貨偽造罪が重視され，無期懲役という重い法定刑が準備されている。また，通貨を偽造する行為だけでなく，偽造された通貨であることを知って使用する行為や通貨偽造のための器械や原料を準備する行為も広く処罰されている。それは，通貨があらゆる消費に不可欠であり，その意味であ

らゆる社会活動になくてはならないものだからである。また，支払用カード電磁的記録に関する罪は163条の2という条文の番号が示すように，2001（平成13）年の刑法改正で新たに導入されたカタログ掲載年齢の若いものである。これらの犯罪カタログは，わが国でもクレジットカード，キャッシュカード，プリペイドカード，デビットカードなどのカードが通貨に代わって重要な支払手段として使用されることになり，そのために最近偽造事件も増加したことから導入されたものである。カードの本質的部分である電磁的記録部分の不正な作出や不正カードの利用や所持だけでなく，不正なカードを作成する目的でカード情報を不正に取得したりその情報を提供・保管する行為まで処罰されることになっている。

　さらに，有価証券は文書の一種ではあるが，社会生活上通貨と似た機能を持っていることから，偽造・変造について他の私文書偽造よりも重く処罰され，また偽造ないし変造された有価証券を交付することや輸入することも処罰されている。次に，文書や電磁的記録は社会生活においてさまざまな事実関係の存在を記録したり証明する手段として利用され，経済活動をはじめとする社会活動において必要不可欠なものとなっている。そのために，その社会的信用を保護することを目的とした犯罪カタログが作られているが，社会生活上の使用頻度や使用される場面の重要度の差異から，官公庁の作成する公文書と私人の作成する私文書に分けて規定されている。公文書については，公務員でない者が勝手に公務員の名義を使用して文書を作成することだけでなく，公務員が内容がウソの文書を作成することも同じように処罰されているが，私文書の場合には——医師が公務所に提出する文書を別として——勝手に他人名義の私文書を作る行為のみを処罰している。印章偽造罪は，社会生活上当該本人

であることの証明手段として使用されている印章・署名の偽造や不正な使用行為を処罰するものである。

◇国民の健康・風俗に対する罪——社会的法益に対する罪③

　国民の健康に対する罪としては，飲料水やその水源を汚染したり，水源に毒物等を混入する行為や水道のための施設を損壊する行為がリストアップされている（142条以下）。飲料水は日常生活に必要不可欠なものであることから，特に処罰の対象となっているが，不注意による飲料水の汚染等は処罰の対象となっていない。ただし，事業活動による故意あるいは不注意の水源汚染は「人の健康に係る公害犯罪の処罰に関する法律」によって，公害問題として処罰されることになる。公衆の健康という点では，薬物犯罪の規制が重要であるが，現在の薬物犯罪の実情からすると，136条以下のあへん煙に関する罪は実質的な働きを失っている。「麻薬及び向精神薬取締法」，「覚せい剤取締法」，「大麻取締法」，「毒物及び劇物取締法」の特別刑法が実際に活躍する個別の犯罪カタログである。

　風俗に対する罪には，①公然わいせつ罪，わいせつ物頒布等の罪や重婚罪といった性的風俗に関するもの，②賭博や宝くじ等の富くじに関する罪のように勤労に関係した風俗に関するもの，③礼拝所及び墳墓に関する罪の宗教的風俗に関するものの3グループがある。刑法典の①のグループの条文の中には，強姦罪や強制わいせつ罪があり，これらも刑法典の誕生からしばらくは性的風俗に関する犯罪と理解されていたが，現在ではむしろ行為の対象である女性を被害者として保護すべきであり，その性的自己決定権を侵害するものと評価すべきであるとされて，個人的法益の犯罪カタログに属するものと位置づけられている。また，わいせつ物頒布罪では，わいせつ

193

な文書や写真などを販売したり配布したりする行為を処罰するということ自体は刑法典が制定されてずっと変化しないが，どんな文書や写真をわいせつなものとして実際に処罰するかは時代ごとの価値観により影響され変化してきていることに注意が必要である。また，憲法の保障する表現の自由との関係をどのように考えるかによっても影響を受ける。②に関しては，競輪，競馬等の公営ギャンブルは，たとえば競馬法や自転車競技法といった個別の法律でコントロールされることで，実際には例外的に許容されている。

◈ **国家の仕組みにかかわる利益を守るための犯罪カタログ──国家的法益に対する罪**

国家的法益 に対する犯罪カタログは，①国家の存立に関する罪，②国家機関の円滑な活動に関する罪，③国交に対する罪にグループ分けできる。国家の存立に関する罪は，国内の一定の勢力による憲法の定める統治機構に対する攻撃を処罰する内乱罪（77条以下）と外国勢力と共謀してわが国を攻撃させたり，外国勢力のわが国への攻撃を援助することを対象とする外患罪（81条以下）からなる。さらに国家機関の適正な活動に関する罪には，国家機関の活動を担う公務員自身がその適正な活動を阻害する場合を対象とする職権濫用罪・賄賂罪（これを併せて汚職の罪という）と，私人が国家機関の活動を妨害することに対処するための罪が含まれる。後者は，公務員の円滑な活動を確保しようとする公務執行妨害罪（95条）および差押えや強制執行，競売・入札のような国家機関の活動を妨害する罪（96条以下）と特に国家の司法作用に関わる活動を保護しようとするものとして，逃走罪，犯人蔵匿・証拠隠滅罪，偽証罪・虚偽告訴罪（97条以下）がある。

Bridgebook

第17講義
何を犯罪とすべきなのだろう

犯罪カタログの相対性

1 社会により「犯罪」は異なる

◇刑法は社会の鏡

 治療の見込みがなく耐え難い苦痛に苦しんでいる患者に「もう楽にして下さい」と頼まれたお医者さんが、これに応じたら、わが国では嘱託殺人罪という罪で処罰される可能性が高い。これに対し、オランダでは、安楽死法が2001年に成立し、一定の要件を満たした場合には、患者の要請に基づいて医師がその生命を終結させることが、処罰されないことになっている。また、人工妊娠中絶 が認められるかどうか、どのような要件で認められるのかも、国によって大いに異なっている。このように、ヒトの命についてさえ、社会によって「犯罪」となるものは異なっているのである。

 犯罪と刑罰を定める刑法は、その社会を映し出す鏡であり、その国の権力のあり方、社会の成り立ち、宗教との関わり、経済活動のありよう、国民の権利意識、文化の水準、といったものを、はっきりと映し出すものである。経済のグローバル化が進み、人や物・金の移動が激しくなっても、今なお刑法は基本的には国内だけを相手

195

にしており，その国の社会のありようと切っても切り離せない関係にあるのである。

　たとえば，独裁国では，刑法は，権力者あるいはその一族・部族の支配を維持・強化するための道具であり，反対派は，処罰（処刑）されるか，暗殺されるかという運命をたどる。また，より権力が弱体であれば内戦状態になることもある。こうした国における死刑は，反対派を抹殺するために合法性を装っているだけのこともあり，非常に問題が大きい。

◇**キリスト教とイスラム教**

　キリスト教国では，宗教と刑法の関係には，かつてたいへん密接なものがあった。ドイツ・ロマンティック街道にあるローテンブルクは，中世の町並みが残り，日本人観光客にも人気の街であるが，そこにある「中世犯罪博物館」に入ると，中世の魔女裁判・異端審問の様子を生々しく想像させる，さまざまな拷問・処刑のための道具が展示されている。そのような裁判・審問が行われていた背景には，異常気象，害虫の発生，不可解な疫病の蔓延，原因不明の人間や家畜の死などがあっても，その原因を科学的に突き止めて有効な対策をとることができなかった当時において，民衆の不安・不満をとりあえず収めなければならないという要請もあったものと思われる。

　イスラム教国の一部では，現在でも，伝統的な**イスラム法**が適用されているようである。その中でも，大罪とされる窃盗・武装強盗・姦通などは，コーラン（クルアーン）・スンナによって定められており，ハッド犯罪とされ，これにはハッド刑として，固定的な刑が科せられる。たとえば，窃盗の初犯であれば，右手首が切断され，

姦通であれば，4人の目撃証人の証言をふまえ，石打ち刑（死刑）ないしむち打ち刑が科せられる。ハッド犯罪とされるものは，いずれも誘惑的で犯しやすいものであるため，厳しい法定刑が定められていること，また，道徳的秩序は神の秩序として考えられていることが窺われる。

◇**アウシュビッツの嘘**

刑法典の中に，民族の苦い記憶を刻み込み，過ちを二度と繰り返すまいとしている国もある。ドイツ刑法130条の **民族煽動罪** では，3項以下で，ナチス（国家社会主義ドイツ労働者党）の支配下での行為を，正当なものと認め，存在しなかったと主張し，些末なことに見せかけたり，あるいは，ナチスの暴力支配・恣意的支配を是認し，賛美し，正当化することにより，公の平和を乱したりすれば，処罰される。それゆえ，ユダヤ人を強制収容しガスにより大量に殺害した **アウシュビッツ** は実在しなかったなどと，公然と述べたら，処罰されることになる。このような規定に対しては，嘘をつくことが刑法で処罰されるべきほどのことなのか，歴史的事実を煽動的性格なしに単に争うだけで問題視されるのはどうか，といった反対する見解も有力であるが，立法者がネオナチ運動などに対して政治的シグナルを送ったものとして，積極的に受け止める見解もある。

また，ドイツ刑法では，84条以下で，民主主義的法治国家を危うくする罪として，憲法違反だと宣言された政党を維持するなどの行為を処罰している。これは，ナチズム（国家社会主義）の反省をふまえ，ドイツが「闘う民主主義」と呼ばれる政治的態度をとっていることの表れである。

これらは，いずれも，表現の自由，結社の自由といった憲法的権

利を重大に侵害することにはなるが，国のありようとして絶対に譲れない内容を確認し，それを揺るがせにしようとする動きには断固たる態度で臨むという，戦後のドイツ国民の悲壮な決意と覚悟が示されているのである。同じ敗戦国として，日本とドイツの戦後の歩みはよく比較されるが，その比較の対象としては，刑法もまた重要な位置を与えられてよいだろう。

2　時代によっても「犯罪」は異なる

◇刑法は時代の鏡

　戦前は，天皇は国家神道と結び付いた存在で一種の神格が認められ，皇祖神である天照大神をお祀りする神宮（伊勢神宮）は，国家神道上特別の存在であった。そこで，刑法も，戦前は，第1章を「皇室に対する罪」として，不敬罪などを置き，また，131条では皇居や神宮への侵入罪を加重類型としていたのである。これらの規定が戦後削除されたのは，時代の変化というよりはむしろ国家体制の変革によるものである。

　このように，時代の移り変わりとともに刑法が変わっているように見えても，その多くは社会の変化に基づくものであるが，刑法は，やはり，その時代の鏡でもある。同一性を保った社会であっても，文化，風俗はやはり移り変わりがあるのであり，刑法も自ずとそれを反映することになる。おそらく，その典型は性（表現）に関する規制であろう。

　わが国の刑法では，175条で，わいせつな文書，図画その他の物の頒布，公然陳列などが処罰されているが，どういったものが「わ

2 時代によっても「犯罪」は異なる

いせつ」だと判断されるのかによって，この罪の成立範囲は大きく異なってくる。1995（平成7）年に『日本女性の外性器——統計学的形態論』という書物が国立大学医学部助教授によって公刊された。これは女性器のカラー写真を（も）掲載したものであったが，この罪の成立は問題にならなかった。他方で，欧米諸国におけるのとは異なり，わが国のアダルトビデオは，性器にはモザイク処理がなされている。たとえば，自主審査機関の1つである「日本ビデオ倫理協会」の基準では，「性行為の過程を具体的に描写表現したもの」「性器，恥毛及び性器内部等の描写」「未成年者に好ましくない影響を与えるような性表現」「男女の露出した性器愛撫の描写」などについて，技術的な処理を行うことになっている。この違いはどこから来るのだろうか。

判例では，戦前から，次のような3つの要素を含んだものが，わいせつだとされている。すなわち，①いたずらに性欲を興奮または刺激させるもの，②普通の人の正常な性的羞恥心を害するもの，③善良な性的道義観念に反するもの，である。①は，それを見た男性が，興奮しておさまりがつかなくなるかどうか，②は，PTAの奥様方が，それをご覧になって，顔を赤らめるかどうか，③は，社会の性に関するモラルに反しているかどうか，といったあたりになるが，いずれも，時代の変化によって，結論が変わりうることは明らかであろう。

この基準による実際の処罰範囲は縮小傾向にある。たとえば，1957（昭和32）年に，最高裁は，性行為は他人に見えないところでこっそりやるものだという原則から外れた内容が少しでも書かれていれば，わいせつ文書だとしていた（**チャタレー事件判決**）。ところが，1969（昭和44）年には，問題となる部分がわいせつかどうかは，

199

第 17 講義　何を犯罪とすべきなのだろう

文章全体との関連において，判断されるべきだとした（**悪徳の栄え事件判決**）。また，同時に，最高裁は，芸術性・思想性により，性的刺激が緩和され，読者の好色的興味にうったえるものとは言えないという場合があることを認めるにいたっている。こう見れば，おそらく，『日本女性の外性器』は，学術的内容であるがゆえに，性的刺激が緩和され，読者の好色的興味にうったえるものとは言えないこととなろう。最高裁も，税関に対する国家賠償請求事件においてではあるが，2006（平成20）年に，アメリカ人の写真家メイプルソープの写真集において男性器が無修正で撮影されているものが含まれていても，わいせつ物には当たらないと判断している。

　他方，アダルトビデオについても，「日本もここまできたか」との感慨を禁じ得ない状況になってきているようであり，また，レディース・コミック（レディコミ）には，相当にわいせつ性の高い描写が含まれているようである。

　では，こうした状況を前にしたとき，刑法はどのような姿勢をとるべきだろうか。１つは，世の中の人の堕落ぶりを何とかしなければという使命感に燃え，あるべき基準を頑なに守り抜くことであろう（**時代の「鑑」としての刑法**）。175条が，性的モラルの維持，性犯罪の減少に役立ち，あるいは，そうした表現を目にしたくない人の目にふれさせないことに役だっているのだとすれば，ずるずると規制が後退していくのは，必ずしも望ましいことではないだろう。もう１つは，社会が，それだけの性表現を許容するようになってきており，そのことにより，失われるものはないとすれば，それをそのまま追認することである（**時代の「鏡」としての刑法**）。

　また，これとはやや対立軸が異なるが，もう１つの行き方として，大人なら何を見てもよいけれど，子供はだめだとする方向もありえ

200

よう。たとえば，ドイツ刑法は，18歳未満の者，あるいは，見たくない人に対してポルノを提供することを罰しているが，18歳以上の見たいと思っている人は，強姦や獣姦を内容とするポルノや児童ポルノを除けば，自由にポルノを入手することができる。こういった方向はどうだろうか。性表現に対して刑法はどう臨むべきか，これは「何を犯罪とすべきなのか」というこの講義のテーマにとって最高の問題であるから，是非一度考えてみて頂きたい。

3　では日本はどう対処してきたのだろう
──日本の犯罪カタログの特質

◇簡単すっきりそして長持ち

わが国の現行刑法（**刑法典**）は，1907（明治40）年4月24日に公布され，翌1908（明治41）年10月1日に施行されたものであり，2008（平成20）年に，100歳になった。この間には，大日本帝国憲法から日本国憲法への変革があり，国家・社会のありようも大きく変化してきたが，刑法はアイデンティティを保ちながら，今日まで適用され続けているのである。

1880（明治13）年に制定された **旧刑法** は，フランス刑法を基礎として出来上がったものであるが，各則は315条もあって，犯罪類型が細かく規定されており，刑罰の種類も細かく分かれ，法定刑の幅もたいへん狭かった。これに対し，現行刑法は，条文の数がかなり少なくなっており，法定刑の幅も広くなっている。フランス刑法では，現在でも，たとえば，わざと人殺しする罪につき，謀殺，故殺，加重的故殺，毒殺などと犯罪類型が分かれていて，それぞれ異なる法定刑が規定されているが，その分だけ裁判官の裁量の余地

第 17 講義　何を犯罪とすべきなのだろう

は小さくなる。これに対し，わが国の刑法では，1976（昭和51）年
に最高裁で違憲判決が出て，1995（平成7）年に削除された刑法
200条の尊属殺人罪を除けば，刑法199条の1つしかなく，法定刑
の幅も，2004（平成16）年の改正前は，死刑，無期または3年以上
（改正により5年以上）の懲役となっていて，きわめて広かった。こ
れは，一口に人殺しといっても，当時は日本もまだ豊かな国ではな
く，貧しさゆえに生まれてきたばかりの赤ちゃんの首を絞めてしま
うという気の毒な例もあったので，あまりに法定刑の幅を狭くする
と，ケースバイケースで，適切な刑を決めることができなくなって
しまうのはよくないと考えられたからである。

　この間100年を経たことにより，たとえば，性刑法のように，制
定当時としてはリベラルで先進的であったのが，今日では，世界の
潮流からみてやや時代遅れになってきたものも出てきた。たとえば，
1973年改正までのドイツ刑法は，おそらく，キリスト教的なモラ
ルに大きく影響されて，同性愛や獣姦を処罰していたが，わが国の
刑法には，そのような規定は最初から置かれていなかった。ヨー
ロッパでは，そうした規定をやり玉に挙げて，リーガル・モラリズ
ム批判が繰り広げられていたが，わが国では，刑法を素材にそうし
た議論を行う余地は，かなり限定されていた。また，当時のドイツ
刑法では，強姦罪は，「婚姻外への性交渉」を強いる場合にしか成
立しないことになっていたが，わが国の刑法では，そのような限定
は，少なくとも規定の上ではなかったのである。

　ところが，近年，**性刑法の性中立化**が，諸外国で進展している。
これまで，わが国の刑法では，①男の人でも女の人でもおしりを犯
されたら強制わいせつ罪，②女の人が男の人に性器で性器を犯され
たら強姦罪となった。これに対し，たとえば，フランス刑法やドイ

202

ッ刑法では，女の人の性器に男の人の性器を挿入する場合だけを，特別類型とすることをやめるにいたっている。

平成29年の改正では，①の場合と②の場合は，同じような被害だとの理解のもとに，強姦罪が廃止され，肛門性交，口腔性交をも対象とする強制性交等罪が新設されるに至っている。

◇新しい犯罪カタログの急増

わが国の刑法も，時代の要請に応じて，新しい犯罪カタログ を追加してきた。最近20年くらいの主な動きをみてみよう。① 1987（昭和62）年のコンピュータ犯罪対策立法では，電磁的記録不正作出，電子計算機損壊等業務妨害，電子計算機使用詐欺などの罪が新設された。② 2001（平成13）年には，東名高速道路上での酩酊運転による追突事故を契機として悪質で危険な運転者に対する世論の批判が強くなったことを受けて，危険運転致死傷罪が新設されたほか，③クレジットカード情報を盗み取り偽造カードを作るなどの事犯に対応するため，支払用カード電磁的記録に関する罪が新設された。④ 2005（平成17）年には，国連の人身取引議定書に対応する必要から，人身売買罪などが新設されるなど，略取・誘拐罪につき罰則の整備がなされている。⑤ 2007（平成19）年には，自動車による人身事故を，業務上過失致死傷罪とは別枠とし，法定刑の上限を引き上げた，自動車運転過失致死傷罪が新設され，危険運転致死傷罪が二輪車をも対象に含むようになった。

また，主に特別法ではあるが，伝統的には，家庭内のこと，男女間のこととして，刑法的対応が控えられていた領域でも，2000（平成12）年に児童虐待防止法，ストーカー規制法，2001（平成13）年に配偶者暴力防止法ができ，また，国際的に批判を浴びていた，児

童買春・児童ポルノについても 1999（平成11）年に児童買春・児童ポルノ処罰法ができている。

さらに 2017 年（平成 29 年）には，父などの監護者による影響力に乗じた性交等を罰する，監護者わいせつ罪・強制性交等罪が新設されるに至っている。

◆**厳罰化・国際化**

このような最近の立法を概観すると，①③のように，新しい犯罪のやり方が登場してきたのに応じて必要な対応をするもの（「伝統的タイプ」）もみられるが，最近の特徴としては，②⑤のように，被害者やその親族の処罰感情ないし世論を受けた「厳罰化タイプ」，さらに，④のように，国際社会の一員であることからその要請に応える必要があるという「国際化タイプ」がみられる。最後の，「国際化タイプ」としては，組織的犯罪処罰法を改正することによって「共謀罪」を新設したことが，現在なお激しい議論の対象となっているところである。

このうち「伝統的タイプ」の立法には，その前提となる立法事実があり，保護されるべき法益およびそれに対する侵害・危険の程度と刑罰がバランスを欠いていなければ，特に問題があるわけではない。今後も，盗撮をはじめとするプライバシー侵害の犯罪化など，必要な刑事立法は進められていくべきであろう。また，胎児性致死傷のように，最高裁は処罰を認めているものの，学説上は罪刑法定主義違反だとの批判が強い事案についても，その当罰性が否定できないとすれば，適切な立法的対応をしていくのが妥当であろう。

これに対し，「厳罰化タイプ」「国際化タイプ」の立法には，丁寧な分析が必要である。「厳罰化タイプ」の立法を後押ししているの

3 では日本はどう対処してきたのだろう

は，被害者やその遺族の処罰感情ないし世論である。刑罰には，被害者らの報復感情をなだめる役割があり，その役割を十分に果たせないのでは，国家が被害者らに私的な復讐を刑罰でもって禁止していることの妥当性が揺らいでくることになる。しかし，過労のためつい運転ミスをして子どもを轢いてしまったサラリーマンが「人殺し」として裁かれるべきだと考えるのは，やはり妥当でないだろう。法益のランキング，被害の大きさ，わざとかうっかりか，といったことによって法定刑の重さは決まっているのであり，それには十分な根拠があるのだから，自分が被害を受けたとき，それが重い犯罪になるものとされていなくても，他とのバランス上やむをえないところがあるのである。

また，「国際化タイプ」の立法にもさまざまなものがあるが，マネーロンダリングやテロ組織への送金を防ぐための国際的規制などであれば，その国際的なネットワークにどこかの国が参加しなければ，結局は，そこがねらい目となってしまい，取締りの実効性はなくなってしまう。こうした場合には，わが国も，国際社会の責任ある一員として，そのネットワークに参加しなければならないのではないだろうか。しかし，「国際化タイプ」の立法の中には，それにより対応すべきと考えられている事案が，かなり地域限定的なもので，わが国にはあまり関係がなかったり，わが国がそのようなネットワークに参加することの意義が乏しかったりすることも考えられ，他方で，そのような立法をすることが，わが国の刑（事）法のあり方とまったく合わないところがあったりすることも考えられるのだから，そうした場合には慎重な検討が必要となろう。そして，それより重要なことは，国連で条約を作る際に，わが国の立場が十分に反映されるよう，刑法の学識ないし実務経験があり，国際的な交渉

力も備わっているような人が，皆さんの中から出てくることなのである。

Bridgebook

第18講義
揺れる倫理と刑法

現代の犯罪と刑罰（その1）

1 生命倫理と刑法

◇刑法における生命保護

　科学・技術の発達により，以前には想像すらされなかった問題に直面することが多くなった。刑法ができたのは100年以上前だが，本質的な内容は維持されてきた。それは，刑法が時代を超えた基本的な利益を保護しようとするものであることの表れであるが，そのような基本的な部分にも大きな変化が生じようとしている。生命をめぐる問題は，その最たるものの1つだろう。

　生命保護は，刑法にとっても最重要課題に属する。ただし，殺人罪（199条）の構成要件は，「人」を殺すことを内容としている。出生前は「人」ではなく「胎児」という別の客体となる（堕胎罪＝212条以下）。しかし，生命保護というなら，両者を母体外に出たかどうかという形式で区別するのは合理的でないようにも思われる。もっと遡って，通常は母体内にある受精卵や細胞分裂を始めた「胚」が，母体外にあるという理由で胎児とは別扱いされると，生物学的には同等の生命体なのに対外受精児については保護の与えられ方が

207

異なることになる。それでよいだろうか。

◇**生命現象への介入**

　生命の発生そのもの，ないしは人間の萌芽である「卵」「胚」「胎児」への侵害・人工的介入に対して，そもそも法はどのような態度をとるべきかという問題がある。

　たとえば，いわゆる **クローン技術** は，本人の予備臓器や，一般的な遺伝子レベルの研究・治療法開発に役立つ側面を持つ。さらに，遺伝子組換え技術の進展は，ヒト胚にもゲノム編集の可能性をもたらすにいたった。これらは，苦しんでいる多くの人々に救いをもたらす技術の基本になりうる。しかし，ヒトとして生命活動を始めた細胞を取り出してもよいだろうか。文化的・倫理的に，これをそもそも是としない議論があるだけでなく，このような技術から発生する影響自体，その予想は難しく，いったん事故があった場合の影響も文字どおりはかり知れないので，現実の問題としても深刻である。

　少なくとも「ヒト」のクローンを作り出すことには法的規制が必要だという考え方から，日本でも 2000（平成 12）年に「ヒトに関するクローン技術等の規制に関する法律」が制定され，人クローン胚その他ヒトに由来する部分を有する胚を人または動物に移植する行為は処罰対象とされている（3 条に禁止規定，16 条に罰則規定）。ただし，クローン胚の作成自体は禁止されているわけではなく，厳密な研究指針（特定胚の取扱いに関する指針）により規制することとしている。

◇**命の「選択」**

　現在の刑法が保護している **胎児** に関しても問題はある。

1 生命倫理と刑法

刑法が，現に利益享有主体となっている人の利益を優先して「人」の生命に重点をおき，その萌芽ともいうべき胎児の生命の保護は補充的にしていることには，それなりの合理性はあるだろう。妊婦の身体的負担や出産に際しての危険，生まれた後の経済問題を含めた家庭に与える負荷など，種々の問題があることは否定できない。実際，堕胎罪の規定がある一方，人工妊娠中絶術がかなり広く合法化されている（母体保護法 14 条）。しかし，親，あるいは社会の都合で胎児を扱うこと，さらに，胎児間で扱いに差があることは認められるものだろうか。

比較的身近な例として，出産前胎児の遺伝子レベルの診断を挙げよう。出生前の胎児の遺伝子診断 は，子宮内から羊水を採取したり，胎盤の絨毛を採取したりする方法だと，流産のリスクがゼロでないことが大きな問題であった。最近では，母体から採集した血液中の胎児由来染色体を調べることにより，高精度で胎児の染色体異常が判定できる非侵襲的手法が実用化された。

診断自体は，異常をあらかじめ知るというだけであるから，これを直接刑事規制の対象とすることは考えにくい。しかし，いずれにせよ，子どもの選別が行われることが想定される限り，その是非は問題であろう。先天的障害に対する偏見助長などの倫理的懸念はぬぐえないうえ，子どもの染色体異常を出産前に判断できるようになれば，異常胎児の堕胎という選択肢が想定されることに目をつぶるわけにはいかないからである。母体保護法は，1948（昭和 23）年にできたときには「優生保護法」という名前で，望ましくない遺伝形質を子孫に残さないことをめざす意味があった。遺伝病の患者に断種手術などが強制されたのである。その後，そうした非人道的性格の除去に努められてきたのだが，出生前の胎児診断が現実化したこ

209

とによって，別の形で人工妊娠中絶に生命の「選択」にかかわる機能が担わされる可能性が高まったといえる。

◇「死ぬ自由」はあるか

終末期医療も生命倫理の主要な課題の1つである。生命維持治療の進展は，脳死や植物状態などをもあぶりだすことになった。

「脳死」は，法律上は「臓器の移植に関する法律」6条2項によって実質的に定義される形になっている。そこでは，「脳死した者の身体」は「脳幹を含む全脳の機能が不可逆的に停止するに至ったと判定された者の身体」だと定義されている（「植物状態」は，脳幹機能が維持されているので「脳死」とは区別しなければならない）。脳死した者の身体からの臓器摘出は，犯罪とはならない。死の概念をめぐる議論の中で，脳死と臓器移植とは切り離して考えるべきであると主張されることがしばしばあるが，現実問題としては臓器移植との関係を考慮しないわけにもいかない。

臓器移植には，臓器を提供する側（ドナー）が必要である。ドナーの自己犠牲や利他的行為は，倫理的には賞賛されるであろうが，だからといって，それを法が強制してはならない。そこまでいかなくとも，臓器提供を受ける側（レシピエント）のほうをドナーより優先する扱いをし，結果的にドナーの生命が軽く扱われたりしてよいわけではない。ここでも生命の序列付けが問題になる。

◇安楽死・尊厳死

安楽死も古くて新しい問題である。安楽死とは，瀕死の患者の苦痛を取り除くために患者を死なせることである。

瀕死の患者が生命維持のための措置によって生命を保っていて，

1 生命倫理と刑法

その治療を中断すればまもなく患者が死亡することが患者にも医師にもわかっているとき，患者が「もう結構です」と生命維持治療を断ったとする。医師がその願いをきき入れて治療を中止するというのは，自然な選択だといえるだろう。ただ，患者は死を覚悟して治療中断を申し入れたのだから，医師は，嘱託を受けて患者を殺した嘱託殺人罪，あるいは自殺幇助罪（202条）になりうる。だからといって，医師は患者の真摯な意思に反して断固として治療を継続するべきなのだろうか。ここでは生命の保護に関する倫理と同時に，最後まで生命維持に努めるべきだとする医師の倫理と法的評価との関係も問われている。自然な選択が法律的にも正当化されてよいと思われるが，解釈の道筋はそう単純ではない。

「死なせる」のは医師とは限らない。瀕死の父親の苦悶を見かねた息子が，父親が死への希望を口にしているのをきいて農薬入り牛乳を飲ませて死亡させた事件があり，著名な裁判例になった。その判決は，息子を嘱託殺人罪で有罪とした。理由の中では，安楽死の違法性阻却が認められるためには医師の手によることが必要だと述べる一方，患者の意思確認は絶対視しなかった。

しかし，その後，安楽死正当化の一般的基準を提示する裁判例や学説では，医師の手によるかどうかよりも 患者の自己決定権 を尊重する傾向が強い。厚生労働省が定める「人生の最終段階における医療の決定プロセスに関するガイドライン」も同様である。「本人の死への意思が尊重されるべきだ」という考え方からは，苦痛と生命との究極の選択の場面である安楽死だけでなく，一般に尊厳ある死を迎えることを選ぶ「尊厳死」も正当化されることになりそうである。尊厳死は，死が間近に迫っていて苦痛があるときだけでなく，人間らしい尊厳ある死を選ぶ（普通は生命維持治療を拒否する）こと

である。しかし，尊厳死の正当化に対しては，抵抗が強い。「死ぬ自由」をめぐる問題は今なお議論の渦中にある。

2　職業倫理と刑法

◈「法律違反でなければよい」？

次に，専門家の職業倫理についての問題を考えてみよう。

何か不都合な行為を指摘された人が「法律に反していないのだから非難される筋合いはない」と弁解するのを見聞きしたことはないだろうか。しかし，一般にプロの仕事には，それにふさわしい規律が伴っていて当然である。周囲もそのように期待する。個人情報や企業秘密を守るといった次元の注意義務を考えればわかるように，職業活動のさまざまな側面で，法以前に倫理が問題となる。さらに社会生活上，見すごせない段階になると法による規制の次元に変わるはずである。しかしどこからそうなるのかの判断は難しい。

専門性・特殊技術性，または安全管理の万全性が求められる職種では，その技能や管理に関する期待もそれに応じたものになるだろう。すでに取り上げた医師や科学者の倫理もそうであった。この本の読者なら大いに関心があるであろう法曹，法律専門家も同様である。法科大学院では，法曹倫理の教育も行われている。

◈倫理から法へ

その他，たとえば，食品の製造上の安全管理不十分，原料や産地の偽りなど，食の安全をめぐる不祥事がマスコミを賑わすこともあった。悪徳商法までいかなくとも営業活動の不適切さが指摘された

り，労働条件や環境に関連した不正，インサイダー取引などが問題
とされることも少なくない。セクハラ，パワハラなどの「ハラスメ
ント」も，広い意味の職業倫理の問題にかかわる場合がある。職業
倫理違反に分類される行為の中にも法によって禁じられている場合
があり，刑罰の対象とされる場合も出てくる（経済活動に関しては，
第19講義で説明する）。

　報道機関とその仕事に従事する人にも特有の職業倫理がある。た
とえば，取材活動で得た情報を元に個人の利益を得るのは，インサ
イダー取引と同様の不正と言うべきである。しばしば問題になるの
は，報道が特定人の名誉を毀損することになる場合で，刑法上の名
誉毀損罪（230条）の成立が論じられることもある。表現の自由・
報道の自由，国民の「知る権利」と，報道対象となった人の名誉と
が抵触する場合であるだけに，一刀両断というわけにはいかないこ
とが多い。名誉毀損罪には，230条の2という規定があって，名誉
毀損罪の構成要件に該当する場合であっても，示した事実が真実で
あることが証明された場合に処罰しないですませる扱いを定め，そ
の調整をはかっている。しかし，取材源のプライバシー・秘密を保
護することは，取材上の倫理的鉄則である。そうすると，証拠が得
られるとは限らない。証明に失敗しても処罰しないことができるか。
ここでも，倫理と法に関する厳しい判断が求められることになるの
である。

◇患者の自己決定の尊重

　いわゆる「ヒポクラテスの誓い」以来，高い職業意識が医師への
信頼と尊敬の土台となってきた。そのような専門職の代表である医
師の場合，仕事の性質上人間の生死に関わることもあって，職業倫

理とそれに関連する法適用のあり方が議論される場面が少なくない。

　医師が患者の上に権力者として君臨するのではなく，患者の意思を重視し，治療に際しては，患者に説明して理解と承諾を得た上で行うべきだという「インフォームド・コンセント」や，主治医以外の専門家の意見を参考にして治療法を選択する余地を与える「セカンド・オピニオン」などの考え方が，一般にゆきわたるようになった。苦痛は少ないが再発の危険は残るとか，機能はある程度維持されるが再発のリスクは高いといった情報を得て，プラス・マイナスを衡量するのは患者だ，というのは自然なことではある。

　では，生命に関わる病や怪我の治療として必要な措置を患者が拒否する場合はどうか。医師の立場からすれば，そのままでは生命が失われる以上，患者の言い分は理不尽だということになる。しかし，安楽死のところでみたように，もし，自殺でさえもが尊重されるべき選択の１つであるならば，治療方針・治療法の選択における「自己決定」は当然に尊重されてしかるべきである。

◇**勝手に手術されたらどうする**

　そうすると，患者に無断で，あるいはその意思に反して行われた治療は，たとえ医学的な意味で成功したとしても，「自己決定」ないし「自己決定権」への配慮を欠いたという意味で，法的にも許されない行為になるはずである。

　たとえば，外科手術の場合で，患者が術前に胃の２分の１を切除すると説明されて手術に同意したが，実際に開腹してみると外からはわからなかった病変が見つかり，胃を全部摘出したとする。あるいは，２つある腎臓の一方を切除する予定のところ両方切除したとする。これらの場合には，同意を得ずに臓器を切除したことになる。

同意を得ていない治療行為は「**専断的治療行為**」と呼ばれ，患者の意思に反して行われた外科手術は，傷害罪として違法であるという考え方が強い。しかし，医学的に成功した治療が傷害罪として違法となるという結論には異論もある。開腹後に新たな病巣が発見された場合など，いったん閉じて，あらためて同意を得た上で再手術をするのは，患者の身体にとっても負担だろう。それに，外からの診断に限界があるのは当然で，手術を始めてみて変更を強いられた場合をすべて違法とするのは現実的ではない。あらかじめ広範な同意を得ておけばよいと思われるかもしれないが，事実上白紙委任するような同意は，もはや名ばかりの自己決定になってしまうであろう。違法・適法の限界はどこかと言われても，境界線を引くのは容易ではない。まさに，「揺れる倫理」なのである。

◇治療に失敗は許されない？

医師の過失が不幸な結果を引き起こした場合に，たとえば業務上過失致死傷罪の責任を負わせることができるかが，現実的な重要問題になることも多い。**医療過誤** といわれる問題の中には，患者や薬品の取り違えといった初歩的な過失（これらは，医療の専門性を論じる以前の問題である）から，専門的次元における措置や判断のミスまで種々のものがある。日本の実務では，医師の裁量に属する部分の問題を刑事事件とすることに慎重さがみられたが，必ずしもそうは言えなくなってきた。

血液製剤の使用に関して，日本における血友病治療の第一人者として影響力を持っていたと思われる医師の業務上過失責任が議論の対象となった。倫理的には，あらゆる可能性を考慮すべきであったという議論も可能であるかもしれない。しかし，刑法を公平に適用

する以上，「第一人者」だからといって大きな注意義務を課してよいものだろうか。過大な要求はできないはずだが，危険と隣り合わせの技術高度化時代においては，その技術の使用には，高度の注意義務が要求されるのも自然なことだという指摘もある。

　医師の過失をめぐっては，広い意味での「過失の競合」の処理の問題もある。たとえば，執刀医，補助の医師（その中にはいわゆる研修医が含まれることもあろう），麻酔医や看護師などが協力して外科手術が行われる場合など，一般に，1人の患者について診断や治療方針の決定を含め複数の医療従事者が関わるチーム医療がクローズアップされている。このような場合には，大小のレベルの異なる過失が積み重なって医療事故につながることがありうる。刑法上，それを過失共同正犯とすべき場合もあるように思われるし，管理・監督過失の一場合として扱うのがふさわしいこともあるだろう。

3　公務員と犯罪

◇「権力は腐敗する。絶対権力は絶対的に腐敗する。」

　これは，英国の歴史家ジョン・アクトン（John Acton, 1834-1902）の言葉である。刑法の分野でも公務員犯罪は重要な要素の1つである。権力を背負った地位を利用するだけに，国民の人権保障に与える影響は大きい。公の仕事が文字どおり公平・公正であってほしいというのは，国民に普遍的な要請であろう。公僕ということばもあるとおり，公務員にもその職務に対応する倫理が求められる。

　日本には，その名も「国家公務員倫理法」（1999（平成11）年）なる法律がある（これに基づく政令「国家公務員倫理規程」も定めら

れている）ほか，公職選挙法をはじめ，公務員倫理に関連する法律はさまざま存在する。公務員犯罪は，それ自体の不公正さはもちろん，簡単にいえば権力を背景に人の弱みに付け込む卑怯な行為という側面もあるので，犯罪学・犯罪社会学・比較法研究の重要な対象ともされてきた。この講義では，特徴のある事件を素材に，刑法上のトピックを取り上げよう。

◎公務員であることを知らせなければよい？

職権濫用罪（193条から196条まで）は，文字どおり，公務員がその職権を濫用して人に無理強いをしたり，裁判や警察・検察の仕事に関わる者が職権濫用して人を逮捕・監禁する行為，あるいは暴行，陵辱・加虐の行為をしたりするのを処罰するものである。警察官が犯人検挙を装って個人的な恨みを抱く相手を逮捕すれば，典型的な職権濫用ということになる。

このような事件があった。公務員である警察官が職務上の行為として警備情報を得るための電話盗聴を行った。もちろん電話の盗聴は電気通信事業法という法律で禁じられているし，発覚すれば抗議されて盗聴が続けられなくなるので，感づかれないように秘密裏に行われた。これが職権濫用に当たるかが問題である。最高裁判所は，職権濫用罪にいう「職権」とは，公務員の一般的職務権限のすべてをいうのではなく，そのうち，職権行使の相手方に対し法律上・事実上の負担ないし不利益を生じさせるような特別の職務権限をいうのだとし，公務員により行われるものではないと装って行われた盗聴は，そのような職権の濫用になっていないから職権濫用罪には当たらないと結論した。要するに，公務員が公務員であることを根拠に相手に負担や不利益を負わせることが必要なのであって，違法行

為が職務の一環として行われただけでは，職権濫用ではないというのである。公務員の職業倫理としては，このような行為が許されるかには疑問があるが，裁判所は，刑法の規定する犯罪にはならないとしたのである。

◈金で動く公務・金がなければ動かない公務

賄賂も古くて新しい問題である。刑法197条から198条まで（間に枝番号のついた条文がはさまっている）には収賄罪と贈賄罪が規定されている。公務員がその職務に関し賄賂をもらうと **収賄罪**（ただし，要求・約束だけでも収賄罪になる），渡したほうは **贈賄罪** である（申込・約束も実行行為になっている）。現実に不正が行われたときはより重く処罰されるが，賄賂によって実際に職務行為が不正に変更されなくても処罰される。これは，収賄罪は一般に公務に対する国民の信頼を保護するものであり，外形として「公務が金で動く」疑いを持たせないことが求められているという考え方で，倫理的廉潔性の要請という色彩が強い。

とはいえ，公務員が利益を受ければ何でも賄賂罪になるのでは，行き過ぎである。そのため，「職務に関し」という要件が意義を持ってくる。賄賂の「職務関連性」は，しばしば重要な争点になる。

かつて，内閣総理大臣が，民間航空会社が購入する航空機のメーカー選定に対し影響力を行使したことに関し賄賂を受け取ったとして，政治スキャンダルになった。いわゆる **ロッキード事件** である。民間会社の仕入れに口をきいたりするのは，首相の「職務」ではないだろうと思われる反面，運輸業に対する監督官庁を含む政府のトップである総理大臣から「よろしく」と言われれば，民間会社とはいえそれを無視することもできず，事実上の影響力はある。

3 公務員と犯罪

　公立医科大学の「医局」を統括する教授（医師）が，医局に所属する医師を関係する病院に派遣する謝礼として賄賂を収受したとされる事件もあった。公務員である大学教授が外部の病院に医師を派遣するのは職務か，という問題である。裁判所は，「職務に関し」賄賂を受け取ったと判断した。

　本来の報酬を得ている以上は，職務に対する不正な報酬の授受については法的にも厳しい姿勢で臨む必要があると思われるが，職務関連性の判断を明確にする枠組みとして，多くの学説が合意できるような基準が提示されるまでにはいたっていないのが現状である。

219

Bridgebook

第19講義
経済活動の落とし穴

現代の犯罪と刑罰（その2）

1 企業の犯罪と企業の処罰

　最近，わが国では，経済犯罪 が相次ぎ，社会的な注目を集めている。そうした経済犯罪の中には，薬害・食品害，談合・価格カルテル，粉飾決算，総会屋に対する利益供与，インサイダー取引，産業スパイ，マネーロンダリング，密輸，贈賄，脱税，リコール隠蔽，環境汚染など多種多様なものが含まれている。経済犯罪は，時として，多くの人々の生命や財産を奪い，わが国の市場経済の基盤を根底から揺るがす。こうした認識が高まるにつれて，わが国でも，経済犯罪に厳しく対処していくことが要求されるようになってきた。そうした対処は，刑法典だけでなく，それ以外の法律の罰則規定をも駆使して行われている。

◇企業と法人
　今日の経済活動の中で，重要な役割を果たしているのが企業である。個人ではできないほど，商品を大量に製造することで，安価での販売を可能にするなど，企業中心型経済が私たちの日常生活にも

たらしている恩恵は計り知れない。いかに企業が活動しやすい環境を整えるかが，経済の発展の鍵を握っているといっても過言ではない。

そこで，現在のわが国では，企業自身が固有の財産を所有・管理したり，自らの名義で取引をしたりできるように，企業に人間（法律上は，「自然人」という）と同じような法律上の権限や能力が与えられている。このように，人間ではないのに，人間と同様の権限や能力を法律上認められた人のことを「法人」と呼ぶ。法律上，企業は，「法人」と呼ばれる存在なのである。

◇法人は犯罪をできる？

では，法人は，財産の管理や取引と同じように，犯罪を行う能力（犯罪能力）も持っているのであろうか。そもそも法人に認められているのが，その活動に必要な範囲での限定的な権限や能力であるとすれば，犯罪を行う能力は認められず，したがって，法人の刑事責任を問うこともできない。法人に刑罰を科すためには，法人に刑事責任が認められる必要があり，法人に刑事責任が認められるためには，法人に犯罪能力が認められなければならないのである。

この点について，かつては，法人は，①自らの意思を持っていないので，犯罪となる行為を行う能力を持っていない，②行為者の人格に対する倫理的な非難を意味する刑事責任を負担できない，③有罪判決を言い渡されても，刑務所に入ることができない，④自然人によって支配されているのであって，犯罪を実行しているのも，自然人であるといった理由から，否定する見解が有力であった。

しかし，法人は，①その代表者の意思を通じて，自らの意思を形成し，従業者らを通じて，固有の犯罪を行う能力を持っている，②

221

代表者とは別個の人格を有し，「企業倫理」という言葉があることからも明らかなように，倫理的な非難の対象にもなりうる，③罰金などの刑罰を科されることが可能である，④自然人から切り離された独自の社会的存在であり，自然人と別個に刑罰を科す意義があるといった理由から，最近では，肯定する見解が多数を占めている。

　ただし，法人の犯罪能力を認めるといっても，少なくとも，今のところは，刑法典に定められた犯罪の主体には，法人は含まれないと考えられている。したがって，薬害事件で，薬を使用した多くの患者の生命が奪われたとしても，製薬会社に殺人罪（199条）や業務上過失致死罪（211条前段）を適用することはできないし，政治家に多額の賄賂を提供した企業にも，贈賄罪を適用することはできない。つまり，法人には，犯罪能力はあるが，現行の刑法典では，規制の対象が自然人に限定されているため，改正しない限り，刑法典上の犯罪について法人の刑事責任を問うことはできないのである。

◇法人に刑罰を科す仕組み

　では，法人は，何をしても処罰されず，すまされてしまうのであろうか。実は，私的独占の禁止及び公正取引の確保に関する法律（独占禁止法）や金融商品取引法など，刑法以外の法律には，法人の業務に関連して，法人の従業者らが犯罪を行ったときには，その従業者と併せて法人も処罰することを定めた規定（両罰規定）を採用しているものが少なくない。その数は600以上にのぼる。そうした規定がある場合には，法人も処罰することが認められる。つまり，刑法8条は，「この編の規定は，他の法令の罪についても，適用する。ただし，その法令に特別の規定があるときは，この限りでない」と規定していることから，両罰規定という特別の規定があると

1 企業の犯罪と企業の処罰

きは，刑法では認められていない **法人処罰** が認められるのである。

そこでは，従業者らの犯罪行為について，業務主である法人の選任・監督上の過失責任が問われている。つまり，犯罪を行ったことに対する責任を従業者が問われるのと同時に，そんな従業者に仕事を任せた責任やしっかり監督していなかった責任を業務主である法人が問われるのである。しかも，法人の業務に関連して行われる従業者の行為は，通常，業務主である法人の監督下で行われることをふまえ，従業者の犯罪が行われた以上，法人には過失が存在したとの推定が働くと考えられている。したがって，いったん，従業者による違反行為が生じると，法人は，選任・監督上の注意義務をしっかり尽くしていたことを自らが立証しない限り，刑事責任を問われることになる。

かつては，こうした法人の責任は，従業者に対して，自ら実行した犯罪の刑事責任を問うついでに問われる副次的な責任と捉えられていた。このため，罰金刑についても，自然人行為者に対して定められた法定金額が，そのまま法人にも適用されていた。しかし，これでは，大企業に対する罰金刑として十分でないことは言うまでもない。そこで，最近では，両罰規定の中での法人に対する罰金刑の上限が，自然人の場合と分けて定められ，法人に対しては，１億円以上の罰金刑を定めることも多くなってきた。現在，独占禁止法違反の罪の最高罰金額は５億円，金融商品取引法違反の罪の最高罰金額は７億円と定められている。

新聞を読んだり，テレビを見たりしていれば，経済犯罪の深刻化に無関心ではいられないだろう。そうした経済犯罪にはいろいろな種類のものがあり，そのすべてを刑法典だけで取り締まるのは難しい。そこで，刑法典の限界を補い，経済犯罪を適正に規制するため

第 19 講義　経済活動の落とし穴

に，それ以外の法律にも，経済犯罪を取り締まるための罰則規定が
置かれているのである。

　ただし，独占禁止法や金融商品取引法など，刑法典以外の法律に
定められた犯罪は，刑法典上の犯罪に比べてなじみが薄いものが少
なくない。そこで，以下では，過去に注目を集めた経済犯罪を具体
例として参照しながら，刑法典以外の法律に定められている犯罪が，
どのように刑法典の限界を補い，経済犯罪を規制しているのかみて
いきたい。

2　入札談合は，なぜ悪い？

◇入札談合の仕組み

　最近，話題になっている経済犯罪の 1 つに，入札談合 がある。国
や地方公共団体が，道路・河川の修復工事や公共施設の建設などの
公共事業を行うとき，発注先をどの業者にするか，「入札」（公共事
業の受注を希望する業者が，それぞれ落札希望価格を提示し，最も好条
件を出した業者が受注できる制度）によって決定する場合に，入札に
参加する業者が，誰が落札するかをあらかじめ話し合いで決めてし
まうという犯罪である。水道メーター談合事件（2003（平成 15）年），
橋梁工事談合事件（2004（平成 16）年），防衛施設庁談合事件（2005
（平成 17）年），福島・和歌山・宮崎三県談合事件（2006（平成 18）
年），名古屋市地下鉄談合事件（2006（平成 18）年）など，その具体
例には事欠かない。

　談合が行われた場合，落札することになった業者は，競争の必要
がないため，落札するためにぎりぎりの努力をした結果としての落

224

札希望価格ではなく，それよりも高い希望価格を提示しても受注できることになる。他方，それ以外の業者も，落札することになった者よりも高額の落札希望価格を提示するため落札はできないが，その代わりに談合金を落札することになった業者から受け取ったり，別の入札の機会に落札する権利を取り付けたりできるのである。

�◇**入札談合はなぜ悪いのか？**

最近まで，わが国では，過当競争による中小業者の共倒れの防止や手抜き工事の防止のため，「談合は必ずしも悪くない」などと主張し，その存在を是認する風潮があった。さらに，公共事業を発注する国や地方公共団体の側が，非公開とされている予定価格（あらかじめ定められた発注する事業の落札上限価格）を談合業者に伝え，談合を助長するケース（官製談合）も少なくなかった。このため，「談合天国」と揶揄されたわが国で，談合罪が適用される例は，毎年きわめて少数にとどまってきた。

ようやく近年になって，談合が，公共事業の発注手続を公正かつ合理的に実施するという入札制度の趣旨をゆがめるきわめて重大な犯罪であるという認識が社会全体に広がりはじめている。とりわけ，官製談合では，極秘情報を漏らす見返りとして，天下りを受け入れたり，金銭の授受が行われるなどの癒着に発展するおそれも認められる。入札におけるあらゆる談合の根絶こそが，今求められていると言えよう。

◇**悪い談合と良い談合**

では，これからは，刑法96条の6第2項に定められた 談合罪 によって，あらゆる入札談合を取り締まることにすれば良いのかとい

うと，実は，そう簡単な話にはならない。というのも，1941（昭和16）年に談合罪が新設された際，談合にも，悪い談合と良い談合があるという前述したような考え方が国会議員のあいだでも強かったために，①公正な価格を害する目的か，②不正の利益を得る目的のいずれかを有して実行された談合のみを犯罪にするという処罰範囲の限定が図られたのである。また，こうした立法趣旨をふまえ，下級審判決の中には，談合をしても，入札希望価格に談合金を上乗せして落札する場合でなければ，競争はしていないが，税金の無駄な出費にはならないので，談合罪にはならないという判決を下したものがあり，誰が受注するかを調整するためだけの談合には，刑法96条の6第2項の談合罪を適用しにくいのが実情である。

◇独占禁止法違反の罪

では，単なる受注調整だけを目的にした談合には，刑法上，何の対応もしなくて良いのであろうか。実は，入札談合を取り締まるための法律が，わが国には，もう1つある。それが，独占禁止法である。

わが国の経済は，市場での自由競争を前提としている。つまり，企業や商店は，より良い商品をより安く販売できるかを競い合うことによって経済を発展させていこうとしているのである。したがって，競争に勝つために，不正な手段を用いる企業や商店が現れた場合，そうした企業や商店は，不当な利益を上げるというだけでなく，わが国の経済活動の基盤を傷つけるという意味で許されない存在ということになる。独占禁止法は，公正かつ自由な競争を保護するため，①私的独占，②不当取引制限，③競争制限の3つの行為を禁止し，特に，前2者については，その違反に対して刑罰を科す旨を定

226

めている。このうち，入札談合は，不当取引制限に該当する。

不当取引制限の罪 は，たとえば，同業他社と協定を結び，同種商品の価格設定について話し合ったり（価格カルテル），生産量を調整したり（数量カルテル），販売地域を配分したり（市場分割），公共入札にあたって談合をすること（入札談合）などのように，企業（事業者）が，契約や協定などを結んで他の事業者と共同して価格を決定したり，生産数量や取引先などを制限することを内容とする犯罪である。ここでは，競争すべき各企業が，共謀を図ることによって，結果的に市場に競争原理が働かないようにしてしまうことに犯罪の本質が求められている。

　前述したように，刑法上の談合罪と異なり，不当取引制限の罪は，「公正な価格を害する目的」や「不正の利益を得る目的」がなくても，市場における自由競争という経済活動の基盤を害する危険性のある談合が実施されれば成立する。しかも，法人処罰規定が置かれているので，談合を行った従業者だけでなく，企業自身も処罰される。したがって，独占禁止法の積極的な運用によって，談合に対峙していくことが，現行法上は，最も有効な手段なのである。

3　マネーゲームの後始末

　最近の経済犯罪の中には，株取引を悪用し，不正な利益を得ようとするものが目立つ。多数の企業が，株式を発行することで得た資金を元にして事業を展開している今日，株式の売買をめぐる犯罪が社会に及ぼす影響の大きさは計り知れない。なかでも，企業の経営者が，株価をつり上げるために，自社の業績が上がっていると偽っ

て公表したとされる「ライブドア事件」や投資ファンドの経営者が，株価に影響する極秘情報を元に株の売買を行い，巨額の利益を不正に得たとされる「村上ファンド事件」は，多数の投資家に有形・無形の被害をもたらし，わが国の証券市場に大きな爪痕を残したといえよう。

◇ウソつきはドロボウの始まり？

ライブドア事件のように，株価を上げるために，投資家らに嘘の情報を流してだまし，損害を与える行為は，詐欺罪に当たるように見える。しかし，実際の経済活動において，「違法な詐欺行為」と「好ましくはないが，違法とまではいえない商取引上の駆け引き」との境界はそれほど簡単ではない。そこで，刑法 246 条 1 項は，詐欺罪 の成立のためには，①だます（ウソをつく）→②相手が勘違いする（だまされる）→③だまされた相手がお金や物を差し出す→④お金や物が相手の手元からはなれるというプロセスを経ることが必要と規定している。

このうち，①だます（ウソをつく）とは，お金や物を差し出させるために，相手を勘違いさせる行為を意味する。だます行為が行われれば，詐欺未遂罪として処罰される可能性が生じる。ウソつきは，ドロボウ（窃盗）ではなく，詐欺の始まりなのである。詐欺罪に該当する内容のウソか，それとも取引上の駆け引きとして許される誇張かの境界は，普通，相手が勘違いしない程度の内容かどうかで決まる。積極的にウソをついたときだけでなく，「釣り銭詐欺」のように，お釣りが多いことに気付きながら，黙っていたとき（すべきことをしないこと）も相手をだましたことになる。

②相手が勘違いするとは，相手が本当のことを知れば，お金や物

を差し出さないのに，本当とは違う理解をしていることをいう。その際，相手が，どう勘違いしているかは，問題にならない。

③「相手がお金や物を差し出す」のは，勘違いして，自らの意思で決断した結果でなければならない。したがって，そうした決断ができない幼児や高度の精神障害者をだまして，お金を奪っても，詐欺罪は成立しない（窃盗罪にはなる）。

④「お金や物が相手の手元から離れる」のは，相手が差し出したからでなければならない。この段階まで達して，初めて既遂に達する。

ライブドア事件では，確かに会社の業績について水増ししたウソの数字が公表された（①だます）。投資家の中には，その報告結果を見て，ライブドアの業績が好調であるとだまされ（②相手が勘違いする），お金を支払い（③お金を差し出す），ライブドア社の株を買ったものもいるだろう（④お金が手元を離れる）。しかし，ライブドア社の株を買った投資家の一人ひとりが，そうしたプロセスをたどって株を買ったと裁判で立証するのは，膨大な手間がかかってしまうので，実際にはきわめて難しい。このため，現実に多くの投資家が被害をこうむったとしても，会社の業績を偽った（**粉飾決算**）事件について，詐欺罪が適用されることはほとんどないのが実情である。ましてや，村上ファンド事件のように，一般投資家を出し抜いて，極秘情報に基づく株の売買を行い，多額の利益を得たとしても，誰かを具体的にだましたのでなければ，詐欺罪をはじめとする刑法上の犯罪で刑事責任を問うことは不可能である。

では，ライブドア事件や村上ファンド事件は，何の犯罪に該当するとして問題になったのであろうか。実は，これら2つの事件は，いずれも証券取引法という法律に違反した罪で，起訴された。証券

第 19 講義　経済活動の落とし穴

取引法は，大幅な改正にともない，2007（平成 19）年に，その名称を「金融商品取引法」に変更したが，犯罪と刑罰を定めた罰則規定については，大きな修正は見あたらない。

◎ライブドア事件の罪と罰——有価証券報告書虚偽記載と風説の流布

　資金を募るため，株式を上場している会社は，1 年に 1 度その事業年度の営業内容や経理の状況が記載された「有価証券報告書」という名前の書類を金融庁に提出しなければならない。提出された「有価証券報告書」は，金融庁や証券取引所に行けば誰でも閲覧ができ，投資家らが株を購入する際の判断資料として用いられている。言うまでもないことであるが，有価証券報告書にウソの内容が書かれた場合には，投資家を誤った判断に導くおそれがある。こうした危険を放置したのでは，株式会社制度や証券市場に対する信頼は損なわれ，投資の対象として株を買う人がいなくなってしまう。そこで，証券市場の健全性を守るため，金融商品取引法は，有価証券報告書にウソの内容を記載した者に対して，10 年以下の懲役もしくは 1000 万円以下の罰金またはそれらの両方を科すことを定めている（金融商品取引法 197 条 1 項 1 号）。

　また，情報化がすすんだ今の世の中では，「有価証券報告書」に記載しなくても，マスメディアを通じて，ウソの情報を流すだけで，投資家に誤った投資判断を下させ，株価をつり上げたり，その機会を利用して，自ら所有する株を売って儲けたりすることも容易である。こうした行為を放置することも，株式会社制度や証券市場に対する信頼を損なうことにつながる。そこで，金融商品取引法は，ウソの情報を振りまいた者（風説の流布を行った者）に対して，10 年以下の懲役，もしくは 1000 万円以下の罰金またはそれらの両方を

科すことを定めている（158条・197条1項5号）。

　これらの犯罪では，ウソの情報を書類に書いたり，公表して流すことによって，株式市場の健全性が損なわれる危険性が生じることに処罰根拠が求められている。したがって，詐欺罪のように，ウソによって，投資家が実際に誤った判断をしたのか，損害を被ったのかといった事実を立証する必要がないという点が，大きな特徴となっている。

◇村上ファンド事件の罪と罰——インサイダー取引

　たとえば，ライブドア社が，実質的な経営権を支配できるぐらいたくさんのニッポン放送社の株式を購入しようと決めたという情報を公表前に知った村上ファンドの経営者が，同社の株式を大量に購入しておき，公表後，同社の株価が上昇したところで売却して利益を得たといわれている 村上ファンド事件 のように，立場上，株価に影響を及ぼす可能性のある情報に接した者が，その情報を利用し，株式の売買を行い（インサイダー取引），利益を得ることは，証券市場の公平性と健全性を害し，投資家の証券市場に対する信頼を大きく損なうことにつながる。そこで，こうした行為を規制するため，金融商品取引法は，インサイダー取引を行った者に対して5年以下の懲役もしくは500万円以下の罰金またはそれらの両方を科すことを定めている（金融商品取引法197条の2第13号）。

　有価証券報告書虚偽記載や風説の流布と同様，インサイダー取引でも，積極的に不正な手段を用いたことや内部情報を利用して利益を得たことは犯罪成立要件とされておらず，情報を知った者がやってはいけない株の売買を行ったというだけで犯罪が成立することになっている。このため詐欺罪に比べて，裁判での検察による立証の

負担が軽くなっている。

4　経済犯罪と戦うために

　わが国の企業犯罪は，経済活動の多様化や複雑化とともに，いっそう深刻化している。特に，規制緩和がすすみ，事後規制社会へのシフトがすすんだ 1990 年代半ば以降は，バブル経済の崩壊とも重なり，多様な経済犯罪が顕在化し，社会の耳目を集めてきた。

　こうした経済犯罪の取締りを強化するため，刑事法が果たす役割は小さくない。ところが，刑法には，企業自体を処罰するための規定がない。このため経済活動を規制するとともに，企業を処罰するための両罰規定も持っている独占禁止法や金融商品取引法の罰則規定は，経済犯罪を予防するため，今後ますますその重要性を増すものと思われる。ただし，そうした罰則の適用に当たっても，原則的には，「この編の規定は，他の法令の罪についても，適用する」とする刑法 8 条の規定により，刑法の諸原則に基づく必要があることを忘れてはならない。

第4部　刑法の解釈

Bridgebook

第20講義
刑法の解釈って何だろう？

本書のまとめと次へのステップ

1 刑法解釈は何のために行うのか

◇**基本事例で考えよう**

　刑法典その他特別法における刑罰法規は，具体的な事実に適用するために存在する。その場合，条文の趣旨，意味内容を明らかにしなければ，条文を事実に適用することはできないのである。他方，事実それ自体が，条文を解釈・適用することが可能となるレベルまで明らかにされていなければならない。

　たとえば，〈事例Ａ〉「現場にＡの死体があり血が流れていて，その傍に甲がピストルを持って呆然としていた」という事実が証拠で明らかになったとしよう。この事実に対して，「はい，199条の殺人罪で一丁あがり！」と簡単に処理することはできないのである。なぜなら，甲に殺意が存しなければ，殺人罪における実行行為として認められないからである。したがって，上の事実だけで刑法的評価を下すことはできないのであり，さらに事実が明らかにされなければならない。

　それでは，「甲は，以前Ａから激しく侮辱されＡを殺害する計画

を立て，知り合いからピストルを調達していた」という事実が発覚し，殺意が認定されたとしよう。この殺意は，殺人罪における故意の問題である。殺人罪の客観的構成要件に該当する事実を認識していれば，殺人罪の故意が認められる。その際，故意とは何かということが理解されていなければならない。さらに，甲の行為とAの死亡という結果とのあいだに因果関係が存しなければ，殺人既遂罪は成立しない。その際，因果関係の判断枠組みを理解していなければならない。ここでは，すでに，故意とは何か，実行行為とは何か，因果関係とは何かなどの刑法解釈論上の重要問題が顔を出しているのである。

◇展開事例で考えよう

〈事例A〉をさらに展開させてみよう。〈事例B〉「実は，被害者Aが，甲を殺害しようとナイフを手にして突進してきたため，甲はAに向けてピストルを発砲した」という事実が明らかになった場合はどうであろうか。36条の正当防衛の成否が問題となることはいうまでもないが，その場合，急迫性，不正の侵害などの正当防衛の要件に当てはまるか否かを判断しなければならない。その前提として，「急迫性」とは何かを理解していなければ，判断できないのである。判例によれば，「侵害を予期しつつ，その機会を利用し積極的に相手に対して加害行為をする意思」（積極的加害意思）がある場合には，急迫性が否定される。となると，〈事例C〉「実は，甲は，Aが攻撃してきたら殺害することもやむを得ないと考え，ピストルを事前に用意していた」という事実が明らかになった場合には，判例によれば，積極的加害意思の有無に関わる事実を拾う必要が生じる。これに対して，積極的加害意思を急迫性の要件ではなく，たと

えば，防衛行為の相当性に還元する学説によれば，相当性という枠組みの中に事実を拾うことになる。

以上のように，刑法解釈は，条文を事実に適用するために必要となり，条文と事実とを架橋するという重要な役割を担っているのである。

2　「価値」との格闘が避けられない刑法解釈

◈刑法解釈の根底にあるもの

しかし，刑法の解釈は，さらに深みに入らざるを得ない。というのは，前述の〈事例C〉において，急迫性の意味内容を解釈で明らかにして，事実に対して急迫性の有無を判断するという作業の前提として，そもそも正当防衛がなぜ違法性を阻却するのか，という問題が背後に取り憑いているからである。すなわち，「正は不正に譲歩する必要はない」という法諺（法の性質や運用に関することわざ）が妥当する根拠はどこにあるのかという問題がある。この問題については，正の確証説（法秩序保護原則），法益欠如説，退避義務説，社会的相当性説などが主張されているが，これらの争いは，違法性の本質をどのように考えるかという点の争いに帰着する。すなわち，違法性の本質は法益侵害にあるのか，社会倫理秩序違反にあるのか，という点がこれである。この違法性の本質についての対立は，刑法はどのような役割を果たすべきなのかという刑法の任務の捉え方の違いから派生する。すなわち，刑法の任務は，法益保護にあるのか，社会倫理秩序維持にあるのか，という点がこれである（もっとも，この対置は過度に強調されてはならないだろう。両者を統合する考え方

も可能であり，一面的な主張には注意を要する）。

さて，これらの対立は，まさに「価値観」の対立であり，刑法をどのように理解すべきかという根本問題が横たわっているのである。そのためには，刑法と人間，刑法と社会，刑法と国家の関係をどのように理解すべきかという，さらなる根本問題を考えなくてはならないのである。

◇ラディカルな価値観

たとえば，刑罰廃止論（アボリショニズム）という考え方が，欧米ではそれなりに有力に主張されている。これは，刑罰にはマイナス面しかないから，犯罪に対処する方法としては民事的な解決で十分であるという超ラディカルな見解である。この見解の基礎には，国家に対する徹底的な懐疑があり，社会の中で個人の自律によって犯罪解決を目指すものと言えよう。これは極端すぎる見解であるというのが一般的な理解であるが，国家刑罰権の制限という考え方はそれなりに理解できるのであり，国家からの自由という面から，刑罰はできるだけ登場するなという「最終手段性」が導かれることになる。そこから，他人の法益を侵害した場合にはじめて登場するという侵害原理に基づく刑法学が構想されたわけである。これに対して，刑法は，それらの個人的レベルを超えて，国家・社会レベルの問題を強調するならば，現在の国家・社会において存在する価値，すなわち，社会倫理的秩序を維持する任務を刑法は有するという見解にいたり得ることになる。

これらは図式的に述べたにすぎず，より複雑な筋道があることは言うまでもない。ただ，刑法の解釈の基礎には，このような根の深い価値感の対立があることを意識しなければならないのである。

237

3 誰のために解釈するのか

◇加害者のため・被害者のため

刑法の任務をめぐる論争は，刑法の解釈が誰のために行う作業であるかという問題に関係してくる。国家主義優位の時代は，刑法の解釈は国家のためにあり，国家にとって妥当な解釈か否かが基準となろう。戦前における「日本法理」に基づく解釈などはその最たる例であろうが，戦後の憲法下において，このような国家主義的な解釈は不可能となった。刑法の任務を社会倫理秩序維持に求める見解によれば，刑法の解釈は，もっぱら社会のために行う作業ということになろう。確かに，個人を離れた社会システムそれ自体のために解釈するということも考えられよう。たとえば，経済刑法の領域においては，個人的な法益とは異なる一定の制度それ自体を保護している刑罰法規が存在する。しかし，社会も個人の集合体と理解すれば，社会の保護は究極的には個人の保護にたどり着く。

刑法の任務を法益保護に求めるならば，刑法の解釈は，法益の担い手である被害者のためにあるということになるかもしれないが，この点は注意を要する。なぜなら，他方で，刑法の任務として，市民が恣意的に犯罪者とされないという，人々の「行為自由」を保障するということが挙げられるからである。これによれば，刑法の解釈は，加害者のためにあるということになる。

このように，**刑法の任務** について重要となるのは，「法益保護」と「行為自由」の調整である。前者が被害者の側面，後者が加害者の側面に関係する。したがって，刑法の解釈も，被害者の側面と加

害者の側面とを考慮して実践されるべきこととなる。近時は，前者
の被害者の側面が強調されすぎている傾向にあり，それによって，
後者の加害者の側面が軽視されているように思われる。これが「厳
罰化」という現象を生じさせているわけである。

◇コミュニティのため

　もっとも，前述のように，刑法がもっぱら社会のために解釈する
のではないにせよ，刑法においては，社会（コミュニティ）という
側面が存在することも忘れてはならない。加害者と被害者の調整だ
けでは，民事法との差異がなくなってしまうからである。社会の秩
序それ自体の維持は，刑法の第1次的な任務ではないが，社会構造
をどう把握するか，どのような社会を構想するべきか，という大き
な問題が刑法に付着しているのである。犯罪が個人的要因のみなら
ず，社会的要因によって発生することから，社会的影響を考慮して，
刑法の解釈も実践されなければならないだろう。

　これに対して，前述のように，国家それ自体に絶対的な価値を認
めることはできず，国家は，われわれの生命・身体・財産等の利益
を保護する手段として考案された政策的な調整制度であることから，
国家のために刑法の解釈を行うということは妥当ではないだろう。

4　みんなが納得する解釈はあるのか

◇規範的な「納得」

　それでは，加害者，被害者，社会（一般人）の三者が納得すると
いう解釈は存在し得るのであろうか。ここでいう「納得」とは，規

範的な側面と事実的な側面とがある。前者は，まさに法の世界にお
ける規範的なレベルでの「納得」ということであり，解釈者の価値
判断が介在する。すなわち，各解釈者が「このへんが落とし所だろ
う」という妥当性の判断がこれである。したがって，各解釈者間で
見解の相違が生じることになるわけであり，これが学説という形で
登場し，初学者をジャングルの中に迷い込ませるのである。法曹実
務家とりわけ裁判官も同様に，規範的レベルでの「納得」が得られ
るように，解釈を実践するわけである。法の世界は，このような規
範的レベルでの「納得」の世界に留まざるを得ないのである。もっ
とも，その規範的なメッセージは，加害者，被害者，社会（一般人）
にインパクトを与えていくわけであり，その一歩一歩の作業によっ
て，三者の事実上の納得が得られるようになる可能性がある。

◇**事実的な「納得」**

　これに対して，事実的な面の「納得」というものは，社会学や心
理学の世界の事柄であり，ほとんど判定不可能である。加害者と被
害者については，この解釈で本当に納得したかを直接インタビュー
できるかもしれないが，社会（一般人）に対して，アンケート調査
することは不可能である。もっとも，裁判員制度や被害者参加制度
によって，事実的な面の「納得」が刑事裁判に持ち込まれる可能性
がある。法令の解釈は職業裁判官が行うものの，その解釈について
事実的な面の「納得」をするか否かが裁判員に問われるのである。

　いずれにせよ，規範的な法の世界の中に，事実的な当事者のいわ
ば「心」が入り込むことについては，慎重でなければならないだろ
う。なぜなら，「心」の世界によって「法」の世界が崩壊する危険
性もあるからである。

240

5　刑法は人間をどう見ているのだろうか

◇刑法における人間像

　法は，人間が生き続けていくために存在する以上，一定の人間像を予定していると言えよう。憲法も民法も商法などなども，みな一定の人間像を念頭においているのである。なかでも刑法においては，人間像という視点が以前からそして今も大きな議論として展開されてきた。旧派（古典学派）対新派（近代学派）の争いは，この人間像をめぐる争いであった。

　古典学派は，近代における個人の発見から派生する，功利的で理性的で計算しうる「合理的人間像」を基礎とした。罪刑法定主義の根拠の1つに援用される，フォイエルバッハの心理強制説がその典型例である。厳しい刑罰を賦課しておけば，合理的人間は損得を計算して，犯罪をしないことになるというわけである。人間の自由意思を肯定し，犯罪はその産物であると理解することによって，その行為だけを処罰するという客観主義が確立したのである。

　これに対して，近代学派は，犯罪は自由意思の産物ではなく，犯罪者は犯罪をすることに決定されるという「宿命的人間像」を基礎とした。人間は，素質と環境に決定されているのであるから，それを教育・改善するのが刑罰であるということになる。

　この2つの人間像は，現在ではすでに止揚されている。人間は，確かに，素質と環境に決定されているが，自由の領域を否定することはできず，犯罪は，その両者の産物といえるから，刑罰は，前者については教育・改善をし，後者については非難をすることになる。

団藤博士はこのような人間像を「主体的人間像」と名付けたのである。人間は，「決定されながらも決定して行く」という表現は，学生時代に感動した言葉の1つである。

このように，刑法のみならず，法一般が一定の人間像を前提として構築されていることは言うまでもない。しかし，法の対象とする人間は，すべて抽象的な人間であることに注意しなければならない。団藤博士が具体的な人間を捉えるために，主体性論を展開されたとしても，それはあくまでも「人」という抽象化された範囲内での具体化にすぎないのである。それが法であり，そこに法の意義と限界があると言わねばならない。

◇抽象的人間から具体的人間へ？

ところが，このような法の意義と限界について，後者の「法の限界」に対する問題提起が噴出してきたのが今日的現象である。すなわち，抽象的な人間ではなく，具体的な人間を問題にすべきだとする主張が多方面からなされてきた。女性，子ども，少年，被害者，外国人，高齢者，障害者などなどがこれである。画一的で普遍的な法の世界に，差異的で特殊な個人の世界が入り込んできたのであるから，法の世界は震撼状況とならざるを得ない。これは，近代法と現代法との対立と考えることもできるだろうが，いずれにせよ，法の課題はますます重くなってきたと言わざるを得ない。

しかし，人間を究極的に考察してみると，結局は，カミュのいう「不条理」に行き着いてしまうように思われる。矛盾に満ちた，筋の通らない生き物が人間であり，そうであれば，それをコントロールする法の世界が困難に満ちていることは，当たり前の事態であり，驚くに値しないとも言えよう。しかし，この困難な状況を打開する

242

ために，合理性や科学性だけを追求して処理しようとすることは，そもそも不可能であるし，かえって逆効果が生じるように思われる。すなわち，人間の不条理性と真っ向から衝突することになり，システムはいずれ破綻するにいたるであろう。そうではなく，人間の不条理性を正面から素直に認めることから出発すべきであるように思われる。

犯罪問題については，このような不条理な人間という視点を忘れないで解決することが重要であると思う。善と悪が混在し，矛盾に満ちているのが人間である。しかし，このような人間像を前提とした刑法学とはどのようなものなのだろうか。

6 刑法の「考え方」から一歩先へ

◇「出口なし」か？

これまで，刑法の「考え方」について，さまざまな角度から，さまざまな素材を対象にして，まさにいろいろ論じてきたが，ともかく，刑法の入口はやさしいが，出口がどこにあるのか実に難しいのである。

犯罪と刑罰の「お話」は，市民の日常会話にもしばしば登場するし，テレビや新聞も毎日のように話題を提供している。しかし，すでに本書全体が示しているように，このような「お話」にとどまっている限りは，まだ刑法の入口でもたもたしているだけである。

本書を読まれた方は，入口は通り過ぎて，もうとっくに刑法のジャングルの中にいることは確かである。

とにかく，「罪と罰」に対する日常の感性と刑法学とのあいだに

243

はギャップがある。なぜなら，刑法学は，日常の感性を一定程度打破するところに存在価値があるからである。すなわち，「罪と罰」というレベルから，「犯罪と刑罰」というレベルに思考をレベルアップさせる必要がある。そこに，刑法学の意義があり，また，そこに，刑法学の限界もあることを認識しなければならない。

◇「罪と罰」から「犯罪と刑罰」へ

「罪と罰」から「犯罪と刑罰」への思考のレベルアップのキーポイントは，国家刑罰権の意義と限界，国家対個人という視点である。しかし，その点に刑法学の限界があることも理解しなければならない。すなわち，刑法ワールドにどっぷり浸かった後は，犯罪に関わる被害者，加害者，コミュニティの三者をトータルに考えるようにしなければならないのである。そのためには，刑事訴訟法学，刑事政策学，犯罪学などの刑事法学全体を視野に入れなければならないし，さらには，社会学，心理学，政治学，哲学，文学などなどにも手を広げることも必要となろう。

前述のように，現在の犯罪状況を概観すると，抽象的な「人」の世界から，具体的な「当事者」の世界に移行しつつあるように思われる。このような潮流の中で，新たな刑法学，刑法思想も登場しており，たとえば，ジェンダー刑法学，修復的正義（司法）論，敵味方刑法学などである。いわば，「犯罪と刑罰」の世界に，具体的な加害者，被害者，コミュニティの問題が入り込み，日常の感性である「罪と罰」の世界が再登場しているのである。裁判員制度や被害者参加制度などにより，このような傾向にはますます拍車がかかることだろう。そこでは，国家対個人という図式に対して，個人対社会，個人対個人という図式が付加され，これによって，犯罪問題は

244

いっそう複雑化し，犯罪解決はいっそう困難化するだろう。このような中で，刑法学は今後どうあるべきかが問われているのである。

　読者の皆さんも，いずれは，このような問題に入り込み，大いに悩むことになろう。まあそれはそうとして，とりあえずは，イッツ・ア・刑法ワールドにどっぷり浸かって，楽しもうではないか。

次のステップのための文献

西原春夫『刑法の根底にあるもの』（成文堂，増補版，2003 年）

井田良『基礎から学ぶ刑事法』（有斐閣，第 6 版，2017 年）

大谷實『刑事法入門』（有斐閣，第 8 版，2017 年）

佐久間修・高橋則夫・宇藤崇『いちばんやさしい刑事法入門』（有斐閣，
　　第 2 版，2007 年）

山口厚『刑法入門』（岩波書店，2008 年）

三井誠・曽根威彦・瀬川晃『入門刑事法』（有斐閣，第 6 版，2017 年）

事 項 索 引

（五十音順）

〔あ 行〕

アウシュビッツ……………………… 197
悪徳の栄え事件判決……………… 200
新しい犯罪カタログ……………… 203
後戻りのための黄金の橋………… 137
安楽死………………………………… 210
意思連絡……………………………… 143
イスラム法…………………………… 196
遺　族　→被害者
一部実行の全部責任……………… 141
一般予防論…………………………… 17
遺伝子診断…………………………… 209
違法性………………………………… 70
違法性阻却事由…………………… 102
違法性の意識……………………… 116
　——の可能性……………… 115, 117
違法性の錯誤……………………… 118
違法性の認識の可能性…………… 114
違法身分・責任身分……………… 158
違法論………………………………… 69
意味の認識…………………………… 94
医療過誤……………………………… 215
医療観察法………………… 122, 161
医療ミス……………………………… 94
因果関係……………………………… 81
　——の拡張……………………… 141
インサイダー取引………………… 231

インフォームド・コンセント…… 214
陰謀罪………………………………… 125
丑の刻参り…………………………… 131
疑わしきは被告人の利益に…… 10, 40
AがなければBなし　………………82
冤　罪………………………………… 50
応報論………………………………… 16

〔か 行〕

改正刑法草案………………………… 30
拡張解釈……………………………… 55
　——と類推解釈の区別………… 56
学派の争い…………………………… 20
加減的身分…………………………… 157
過失の競合…………………………… 216
過失犯………………………………… 96
過剰避難……………………………… 112
過剰防衛……………………………… 108
可罰的違法性……………………… 114
監獄法………………………………… 29
患者の自己決定権………………… 211
慣　習………………………………… 52
間接正犯……………………………… 151
観念的競合…………………………… 167
危険運転致死傷罪………………… 34, 97
危険実現説…………………………… 86
既　遂………………………………… 126
起　訴………………………………… 39

ii

事 項 索 引

起訴便宜主義…………………………39
起訴猶予処分…………………………44
客体の錯誤……………………………98
客体の不能…………………………… 133
客観的危険説………………………… 136
客観的帰属論…………………………86
客観と主観……………………………67
旧刑法……………………………27, 201
旧　派　→古典学派
急迫性………………………………… 106
教唆犯………………………………… 146
行政刑法……………………………31, 185
共同正犯……………………………… 141
共犯（関係）からの離脱………… 150
共犯の従属性………………………… 145
共謀共同正犯………………………… 142
挙動犯　→行為犯
緊急避難……………………………… 109
禁　錮………………………………… 162
近代学派………………………………20
金融商品取引法……………………… 230
偶然防衛……………………………… 108
具体的危険説………………………… 136
具体的な人間………………………… 242
具体的符合説…………………………98
クローン技術………………………… 208
経済犯罪……………………………… 220
形式的客観説………………………… 129
刑事政策………………………………42
刑事訴訟法……………………………37
刑の変更……………………………… 177
刑罰の「最後の手段」性…………48
刑罰の種類……………………………16

刑罰廃止論……………………………22
刑法各論……………………………… 185
刑法総論……………………………… 185
　──の体系……………………………65
刑法典……………………………24, 201
刑法の謙抑性…………………………48
刑法の効力…………………………… 175
刑法の断片性………………………48, 79
刑法の任務………………………10, 238
啓蒙思想………………………………51
結果的加重犯…………………………97
結果犯…………………………………81
結果無価値………………… 103, 128, 135
原因において自由な行為………… 121
厳格故意説…………………………… 116
現行刑法典……………………………28
現在の危難…………………………… 110
厳罰化タイプ………………………… 204
牽連犯………………………………… 168
故意ある幇助的道具……………… 154
故意のある道具……………………… 149
故意犯…………………………………96
行為規範………………… 5, 12, 61, 84
　──と制裁規範の結合………………22
行為犯…………………………………81
行為無価値………………… 104, 129, 135
公共危険犯…………………………… 191
合憲限定解釈…………………………60
構成的身分…………………………… 156
構成要件………………… 70, 78, 101
　──と違法性の関係………………73
　──の修正形式…………………… 140
　──該当事実………………………78

iii

事 項 索 引

——該当性……………………78
——論………………………69
交通反則金………………… 160
公　布……………………… 176
公務員犯罪………………… 216
合理的人間像………………21, 241
国際化タイプ……………… 204
国内犯……………………… 178
個人的法益………………… 187
国家刑罰権の正当化根拠………18
国家的法益………………… 194
古典学派……………………20
コンスピラシー…………… 125

〔さ　行〕

罪刑の均衡……………………60
罪刑法定主義……………… 51, 94
財産刑……………………… 160
裁判員制度……………7, 40, 174
裁判規範………………………61
詐欺罪………………………47, 228
作　為…………………………87
——犯………………………86
——をすべき義務（作為義務）…90
殺人罪……………………… 5
サンクション…………………14
私　刑…………………………48
死　刑……………………… 164
——存置論………………… 165
——廃止論………………… 164
施　行……………………… 176
自己決定権………………… 214
事後法の禁止…………………54

時代の「鏡」としての刑法……… 200
時代の「鑑」としての刑法……… 200
実　刑…………………………42
実行共同正犯……………… 142
実行従属性………………… 145
実行の着手………………… 129
執行猶予…………………… 29, 41
実質的客観説……………… 130
実体的デュープロセス論…………58
実体法…………………………36
自動車運転過失致死傷罪………35
自動車運転により人を死傷させる行為
　等の処罰に関する法律…………35
市民の自由…………………… 8
社会システム………………… 3
社会的相当性……………… 104
社会的法益………………… 190
惹起説……………………… 145
自由意思………………………19
自由刑……………………… 160
集団犯……………………… 155
収賄罪……………………… 218
宿命的人間像………………21, 241
受刑者の処遇…………………43
主体的人間像………………21, 242
主体の不能………………… 134
手段の不能………………… 133
準危険運転致死傷罪…………35
消極的一般予防論……………17
承継的共同正犯……………… 149
条件関係………………………83
条件説…………………………83
条　文………………………78

iv

事 項 索 引

条　例······················53
処断刑·····················171
職権濫用罪··················217
知る権利···················213
人工妊娠中絶·················195
心神耗弱···················120
心神喪失···················120
真正不作為犯·················89
真正身分犯··················157
新　派　→近代学派
性（表現）に関する規制··········198
請願作業···················162
性刑法の性中立化··············202
制限故意説··················117
制限従属性説·················146
制裁規範···················12
政策説····················138
制　定····················176
正当防衛···················106
正は不正に譲歩する必要がない···105
正犯意思···················144
生命刑····················160
生命保護···················207
政　令····················53
責　任····················70
　──と予防················41
　──説··················117
　──論··················69
積極的一般予防論··············17
絶対的不定期刑の禁止···········57
窃盗罪····················4
宣告刑····················171
潜在的加害者·················8

潜在的被害者·················10
専断的治療行為················215
臓器移植···················210
捜　査····················38
相対的応報論·················18
相対的不定期刑···············57
相当因果関係説················84
相当因果関係の危機·············85
贈賄罪····················218
属人主義···················179
属地主義···················178
尊厳死····················211

〔た　行〕

対向犯····················155
胎　児····················208
対物防衛···················107
逮　捕····················38
単一刑論···················163
談合罪····················225
チャタレー事件判決·············199
中止犯····················136
抽象的な人間·················242
中世犯罪博物館················196
懲　役····················162
罪と罰····················244
ディヴァージョン··············44
適正手続　→デュー・プロセス
手続法····················36
デュー・プロセス··············58
電気窃盗···················56
伝統的タイプ·················204
同　意····················113

v

事項索引

----殺人罪······114
道具理論······151
当事者主義······39
同時犯······143
独占禁止法······226
特別刑法······31, 184
特別予防論······17
取引の安全······46

〔な 行〕

内容の適正の原則······60
永山事件判決······165
新潟監禁事件······170
日本国憲法······30
入札談合······224
任意的共犯······155
脳 死······210

〔は 行〕

犯行の制御可能性······115
犯罪個別化機能······79
犯罪と刑罰······244
犯罪能力······221
犯罪論······66
----体系······72
判例の遡及的変更······54
被害者······6, 11
----参加制度······6
光市母子殺害事件上告審判決······165
微罪処分······44
ヒ素ミルク事件······95
必要的共犯······155
避難の意思······110

復讐感情······6
不作為······87
----犯······86
不真正不作為犯······89
不真正身分犯······157
不 正······106
不当取引制限の罪······227
不能犯······133
不明確ゆえに無効の理論······59
不 倫······47
粉飾決算······229
文理解釈······55
併合罪······166
ペナル・ポピュリズム······7
遍在説······179
片面的共同正犯······143
片面的幇助······148
ボアソナード······27
保安処分······161
防衛の意思······107
法 益······6, 45, 186
----の権衡の原則······111
包括一罪······167
法条競合······166
幇助犯······147
法 人······221
----処罰······223
法定刑······171
法定的符合説······98
法の不知は許さず······118
方法の錯誤······98
法律効果······37
法律主義······53

事 項 索 引

法律説·································· *137*
法律要件··························· *37*
法令行為·························· *112*
保護主義·························· *180*
補充性の原則················· *111*
保証〔障〕人的地位··········· *90*
母体保護法······················ *209*

〔ま 行〕

魔女裁判·························· *50*
マスコミ·························· *8*
未遂の教唆····················· *146*
未遂犯···························· *126*
身分犯····················· *79, 87*
民族煽動罪······················ *197*
民 法······························ *4*
村上ファンド事件············· *231*
明確性の原則··················· *59*
迷信犯···························· *132*

名 誉····························· *213*
モラル···························· *3*

〔や 行〕

予見可能性······················· *95*
予備罪···························· *125*

〔ら 行〕

ライブドア事件················· *229*
量刑スケール論················· *172*
量刑相場·························· *172*
量刑の基準······················ *171*
両罰規定·························· *222*
リンチ →私刑
類推解釈·························· *55*
ルール··························· *2, 65*
　原則の──···················· *75*
　例外の──···················· *75*
ロッキード事件················· *218*

vii

〈編者紹介〉

高橋則夫（たかはし・のりお）
　現　在　早稲田大学名誉教授

ブリッジブック刑法の考え方〔第3版〕
〈ブリッジブックシリーズ〉

2009（平成21）年 3月18日	第1版第1刷発行 2328-0101
2014（平成26）年 3月24日	第2版第1刷発行 2348-0201
2018（平成30）年11月15日	第3版第1刷発行 2360-0301
2024（令和 6）年 3月25日	第3版第3刷発行 2360-0303

編　者　　高　橋　則　夫
発行者　　今　井　　　貴
　　　　　今　井　　　守
発行所　　信山社出版株式会社
〒113-0033　東京都文京区本郷 6-2-9-102
　　　　　電　話　03（3818）1019
　　　　　ＦＡＸ　03（3818）0344

Printed in Japan.
Ⓒ高橋則夫, 2018.　　印刷・製本／暁印刷・渋谷文泉閣

ISBN978-4-7972-2360-6　C3332
NDC　326.1　刑法

さあ，法律学を勉強しよう！

　サッカーの基本。ボールを運ぶドリブル，送るパス，受け取るトラッピング，あやつるリフティング。これがうまくできるようになって，チームプレーとしてのスルーパス，センタリング，ヘディングシュート，フォーメーションプレーが可能になる。プロにはさらに高度な「戦略的」アイディアや「独創性」のあるプレーが要求される。頭脳プレーの世界である。

　これからの社会のなかで職業人＝プロとして生きるためには基本の修得と応用能力の進化が常に要求される。高校までに学んできたことはサッカーの「基本の基本」のようなものだ。これから大学で学ぶ法律学は，プロの法律家や企業人からみればほんの「基本」にすぎない。しかし，この「基本」の修得が職業人の応用能力の基礎となる。応用能力の高さは基本能力の正確さに比例する。

　これから法学部で学ぶのは「理論」である。これには２つある。ひとつは「基礎理論」。これは，政治・経済・社会・世界の見方を与えてくれる。もうひとつは「解釈理論」。これは，社会問題の実践的な解決の方法を教えてくれる。いずれも正確で緻密な「理論」の世界だ。この「理論」は法律の「ことば」で組み立てられている。この「ことば」はたいへん柔軟かつ精密につくられているハイテク機器の部品のようなものだ。しかしこの部品は設計図＝理論の体系がわからなければ組み立てられない。

　この本は，法律の専門課程で学ぶ「理論」の基本部分を教えようとするものだ。いきなりスルーパスを修得はできない。努力が必要。高校までに学んだ「基本の基本」を法律学の「基本」に架橋（ブリッジ）しようというのがブリッジブックシリーズのねらいである。正確な基本技術を身につけた「周りがよく見える」プレーヤーになるための第一歩として，この本を読んでほしい。そして法律学のイメージをつかみとってほしい。

　さあ，21世紀のプロを目指して，法律学を勉強しよう！

　2002年9月

　　　　　　　　　　　　　信山社『ブリッジブックシリーズ』編集室